中國學術思想 研究輯刊

二九編

林慶彰 主編

第 1 冊

《二九編》總目

編輯部編

兩漢《尚書》學及其對當時政治的影響
（修訂本）

李偉泰 著

花木蘭文化事業有限公司

國家圖書館出版品預行編目資料

兩漢《尚書》學及其對當時政治的影響（修訂本）／李偉泰　著
— 初版 — 新北市：花木蘭文化事業有限公司，2019〔民108〕
目 2+170 面；19×26 公分
（中國學術思想研究輯刊 二九編；第 1 冊）
ISBN 978-986-485-702-9（精裝）
1. 書經 2. 研究考訂 3. 漢代
030.8　　　　　　　　　　　　　　　　　　108001186

ISBN-978-986-485-702-9

9 789864 857029

中國學術思想研究輯刊
二九編　第一冊　　　　　　　　ISBN：978-986-485-702-9

兩漢《尚書》學及其對當時政治的影響（修訂本）

作　　者　李偉泰
主　　編　林慶彰
總 編 輯　杜潔祥
副總編輯　楊嘉樂
編　　輯　許郁翎、王　筑　美術編輯　陳逸婷
出　　版　花木蘭文化事業有限公司
發 行 人　高小娟
聯絡地址　235 新北市中和區中安街七二號十三樓
　　　　　電話：02-2923-1455／傳眞：02-2923-1452
網　　址　http://www.huamulan.tw 信箱 hml810518@gmail.com
印　　刷　普羅文化出版廣告事業
封面設計　劉開工作室
初　　版　2019 年 3 月
全書字數　135358 字
定　　價　二九編 15 冊（精裝）新台幣 28,000 元　　版權所有‧請勿翻印

《二九編》總目

編輯部 編

《中國學術思想研究輯刊》二九編 書目

《中國學術思想研究輯刊》二九編
各書作者簡介・提要・目次

第一冊　兩漢《尚書》學及其對當時政治的影響（修訂版）

作者簡介

　　李偉泰教授，1977 年畢業於臺灣大學中國文學研究所博士班，獲國家文學博士學位。歷任臺灣大學中國文學系講師、副教授、教授、系所主任等職。其學術專長主要爲《史記》、《漢書》、兩漢學術史、《四書》，並長期從事相關之教學與普及推廣工作。著有《兩漢尙書學及其對當時政治的影響》（臺北：臺灣大學文學院，《文史叢刊》之四十三，1976 年 6 月初版），《漢初學術及王充論衡述論稿》（臺北：長安出版社，1985 年 5 月），與該系同仁合作編著《史記選讀》（臺北：臺大出版中心，2014 年 8 月增訂一版），與何寄澎等合作編著《中國文化基本教材》（臺北：龍騰出版社，1999～2000 年），其他論著詳見臺灣大學中國文學系網頁。

提　要

　　本書分爲上、下兩編，上編《兩漢尙書學》，指出兩漢《尙書》學具有八項特色：一、《尙書》經文的神聖化。二、以正名主義的語言理論（聲訓）解釋經文。三、以讖緯的說法解釋經文。四、以陰陽五行的理論解釋經文。五、爲使經文可以作爲「諫書」使用，因而因事解經，異說紛陳。六、爲了疏釋

難解的經文、或爲遷就主觀的需要、或爲探究相關的史料,而有增字解經和推衍經義的現象。七、在敘述前代的事實和制度時,以漢代人的觀念來解釋經文。八、爲了通經致用,漢儒的解說和經文原義的差距可以很大,形成名實不符的現象。

兩漢《尚書》學的發展是兩漢經學變遷的一個方面,它具有如下幾個特點:一、由於各家經師經說內容的差異,造成經學家派的分立。在通經致用的時代,這種經說紛歧的現象,對於朝廷和儒生,都有不便之處,於是遂有謀求統一經說的需求,宣帝時論定五經於石渠閣,章帝時講議五經同異於白虎觀,共同的目的即在統一紛歧的經說。靈帝時刊刻熹平石經,這件正定經典異文的工作,和統一紛歧經說的努力,精神上相通,而較易於收效。二、經學日益昌明,最遲從夏侯建開始,經師衝破了墨守一家之說的藩籬,講求經說的會通。到了東漢初年,部分經師更打破了家法的範限,這種趨勢最終導致今古文的合流。三、論難的風氣,是推動經說走上會通的另一項動力。四、經說的內容由簡趨繁,一部經說的字數,多的達到百餘萬言,促使東漢以來的經師紛紛刪減前人的章句。這種趨勢的結果,最終自然導向經說的統一。五、到了鄭玄、王肅手裏,宣帝、章帝謀求整齊異說的努力終於得到了成功,此後今古文的界限就變得混淆不清了。

本書下編爲《兩漢尙書學對當時政治的影響》。在通經致用的時代,經義成爲當時政治的指導原則,舉凡處理一般政務,人臣諫諍君主,防制外戚與宦官的權勢,乃至治河及畫分地理區域,更改官制,變革法律,都需要儒家經典的依據。「《書》記先王之事,故長於政。」(《史記‧太史公自序》)所以《尚書》及其經說每每成爲當時推行一般政務,以及處理變革事務的主要依據。這些依據有時並非決策時的主要因素,實際上的支配力量是當時的政治情勢。對於這類情形,本編均列舉實例說明。

目　次

修訂說明

上編　兩漢《尚書》學

第二冊　從荀子的性惡論看「善」的實現

作者簡介

朱敏伶，1979 年生於基隆，後遷居台北市。1997 年畢業於北一女中，2001年畢業於國立新竹師範學院（現爲國立清華大學竹師教育學院）數理教育學系，2012 年畢業於輔大哲學系碩士班。

現職爲新北市新莊區光華國小教師，希冀以兒童哲學理論融入閱讀教育，目的爲發展兒童的理性與高層次思考（對宇宙、自然、甚至人自身的價值）。

提 要

先秦時期，探討的「性」已有對自身價值判斷的成分在，如告子言「性無善無不善」，孟子言「性善」。而荀子把人性定義在「惡」上，是此三者之中最大膽也最有道德勇氣的。荀子提出應該由心去化性起偽，替「性惡」的起點畫了一條路徑到終點「善偽」，也就是替人類社會中所發生的問題尋求解決之道。人不能無群，是社會發展的必然現象，人為了共同的生活目的而群居，是國家會形成的主因。荀子意識到群體與社會規範必須要有「禮」才能維持其恰如其份的和諧。更進一步提出由「樂」來輔助「禮」抒發人的情感，也提出「法」作為最具強制性的具體規範，期望個人的化性起偽能推廣到群體，讓整個社會達到「善」。

目 次

德與性的統一：孟子的人禽之別

作者簡介

　　鄭長佑，1975 年生於台中市。1993 年畢業於台中一中，1998 年畢業於國立新竹師範學院（現為國立清華大學竹師教育學院）數理教育學系，2016 年畢業於輔大哲學系碩士在職專班。

　　現職為新北市新莊區裕民國小教師。

提　要

　　孟子言「性善」，人們一直爭論其真實意義為何。其實若從孟子的學說中的「人禽之別」切入，就能察覺其學說的最精妙處。細觀孟子的「人禽之別」時，孟子已說明「人禽之別」所表現的第一步，就是孝悌倫理，也就是在家庭親情間發揮其善端。而此善端在孟子眼中來自「本心」，是人天生自然而擁有的。所以孟子學說中的重點並不是「性善」，「性善」只是將「人之所以為人」的意義推崇到一個至高的境界。也就是說孟子建立「人禽之別」的認知時，必須確立在人乃是求於內的道德主體性，那論人異於禽獸的獨特之處，「性善」就成為必然。

目　次

第三冊　駱香林：儒家型知識分子研究

作者簡介

　　黃憲作，國立東華大學中國語文學系博士，現任佛光大學副教授。著有詩集《野薑花的秘密》（高雄縣文化局，1994），研究論文《在地與流離：駱香林花蓮之居與游》（花蓮縣文化局，2009），台灣古典文學精選賞析《駱香林集》（國立台灣文學館，2013），自然書寫《鯉魚潭自然誌》（花蓮縣文化局，2013）。

提　要

　　本論文係針對駱香林從日治時期到戰後國民黨政府時期的研究，綜合其思想與行動而歸類為儒家型知識分子。所謂「知識分子」一詞係來自西方的現代概念，尤其是「德雷福斯事件」改變了其內涵，係指掌握知識的職業人，具有游離與無根性，不依賴於政治體制與利益團體，保障了對真理的獲取及道德的判斷，超越各階層或黨派的利益，扮演社會良知與理性的代言人。儒家型知識分子則是中國傳統帝國獨尊儒術以來，承擔道統與政統繫於一身的代表，是中國傳統社會倫常與道德的代表與發言人。中西知識分子兩者之間有極大的落差，西方在現代化之後的知識分子已經獲得超然的立場，而儒家型知識分子則常局限於意識形態而代表上層社會，向下層社會灌輸與傳播意識形態，自覺或不自覺的為當權者建立文化霸權。駱香林生於 1895 年，當時台灣為日本統治，駱香林因為民族主義的意識形態，堅持承擔漢文化的傳播而對抗殖民政府，導致家毀人亡，移居花蓮，備受花蓮民眾尊崇。終戰後，國民黨政府接收台灣不當導致發生二二八事件，駱香林此時挺身而出，一方面避免濫權捕抓無辜者，一方面擔任「再中國化」的協力者，安定社會人心，

完美詮釋了儒家型知識分子的社會作用。國民黨政府認爲台灣人的反抗，是被日本殖民統治「奴化」過深所導致，因此竭力於中國傳統文化的重建，建構統治合法性與正當性的文化霸權。駱香林不但擔任《花蓮縣志》的總編纂，而且協助《台灣省通志》〈名勝古蹟〉的供稿與攝影，在國家認同的大敘事竭盡心力。但是時代的腳步不停歇，卻發現他心目中的家鄉——台北——在現代化的進程中已經變了樣，回過頭來看到花蓮也正在改變當中，於是自行出版《題詠花蓮風物》與《俚歌百首》、《俚歌百首二集》，對現代化加以批判。顯示駱香林仍停留在中體西用的思維，因強國意識支持政府工業化政策，一方面又感嘆資本主義的現代化造成道德與文化淪喪，這樣的矛盾普遍存在儒家型知識分子當中。

目　次

第四冊　論當代儒學重構之問題與方法：以牟宗三與勞思光爲例

作者簡介

　　周詠盛，1984 年生於新北市，臺灣大學哲學所博士。由於對近代史與方法論有濃厚興趣，所以特別從「傳統義理如何現代化」的角度切入，選定了二十世紀中國哲學的研究方向，其中又以哲學問題的設定、分析、論域與回應爲核心關懷。此外，也從事哲學普及與教育，在數所高中開設了哲學課程，鼓勵學生觀察現象、提出疑問、蒐集資訊、分析內容並建立自己的觀點。

提　要

　　從思維內容來看，傳統義理約略等同於中國哲學；但從論述模式看，傳統義理多以經典注釋的形式呈現，而中國哲學則採用了一套問題設定，來把文本材料解讀爲對於這些哲學問題的描述、解釋與回應，並賦予古代學說以系統性的形式。在這樣的重構過程中，研究者所設定的哲學問題，打造了古代學說的邏輯結構，形塑了研究成果的主要內容。

　　牟宗三與勞思光都以儒學爲成聖之學，強調了工夫論做爲一種哲學問題的獨立性，工夫論是論述我們如何自我修養以達致理想人格的學問，又可細分爲實踐指導、聖人境界與直覺體驗等面向。

　　然而，牟、勞兩家在處理工夫實踐的超越根據上則有不同意見。牟氏提出「道德的形上學」，強調了逆覺體證，並以本心能夠證成天道、創生萬物。勞氏提出的心性論，則強調了主體自覺，而否定了天道的獨立實存。雙方的最大差異，在於牟氏認定工夫體驗必然有哲學上的論證效力，而勞氏則不如此認為。故牟氏以天道為獨立實存的形上本體，並透過本心所有的工夫體驗來賦予天道以實質內容；但勞氏則把天道理解為主體自覺的投射或延伸，亦即天道可化約為價值自覺。

　　本書除了詳細說明牟、勞兩家的立場與後續論爭，也將進一步指出：儒學重構應當強調工夫體驗的積累過程。

目　次

第五、六冊　六朝仙道身體觀與修行理論探討

作者簡介

　　張億平，新竹人，一九七七年生，國立臺灣大學中國文學系研究所博士。深愛中國傳統文化，雅好詩詞、志怪小說，對中國思想尤爲傾心，潛究佛學、老莊。冀能養性修命、明心見性作爲志業，以此終老，乃人生至福也。碩士論

文爲魏晉南北朝民間信仰研究，博士論文爲六朝仙道身體觀與修行理論探討。

提　要

　　修煉成仙乃是道教中實踐的核心。六朝處於上接秦漢道家、黃老，下開唐宋內丹學之承先啓後位置，主要憑藉自力進行內在修煉，以求轉化生命性質，得道成仙，其修仙理論開道教內在修煉之肇端，可視爲該時代道教內涵的一大範疇。修仙理論以中國傳統思想爲基底，宜從神仙信仰、天道論、氣化論、天人論、工夫論等來追本溯源。至於爲何能夠修仙，本文分析生命轉化的可能性，人體如何能夠轉化，以及修練轉化之目標、方向及原理。六朝時仙道建立了獨特的身體觀，從人體發生、人體結構、精氣流行等面相，得悉身體觀實爲配合修練之藍圖。根據仙道身體觀：己身既是修煉之工具，也是修煉之對象，且是修煉之指引。本文還探討當時具有代表性的幾類修行方術，如辟穀、服食、服氣、存思、守一等，可歸納出內在修煉建立於「心與氣通、神與道通、人與天通」的根本理路上，打破了身內、身外，及個人、宇宙之界限分別。這樣的修煉理路在六朝仙道修煉法門中透顯出來，立足最爲穩固、通說最爲無礙，故六朝以下的仙道修煉理論漸以內修法門爲大宗。本研究之貢獻，即在於全面觀照又不失深入地呈顯構成六朝仙道信仰的豐富思想文化內涵。

目　次

第七冊　王陽明的教化哲學研究：以「敬」爲中心

作者簡介

向輝（1980～），男，湖北鶴峰人，博士。先後在中央民族大學、北京大學和北京師範大學完成本科、碩士、博士學業，所修專業爲民族學（民族理論與民族政策）、社會學和教育學。現供職中國國家圖書館，副研究館員。先後在《社會理論學報》《國家圖書館館刊》《版本目錄學研究》《國學季刊》等國內外刊物發表論文 30 餘篇。

提　要

當王陽明（成化八年至嘉靖八年，1472～1529）開始探尋「人應該成爲什麼樣的人」「如何成爲一個人」「如何實現好的生活」等問題時，性理學「學爲聖人」的主張契合了他的精神世界；在朱子學薰染中，他溯源而上，以心詮心，借助於六經、四子的典範，修己以敬，最終成就了陽明學的新範式。

當王陽明的教化哲學成爲一種過往的歷史知識時，我們如何進入陽明學，體認陽明學，豐富陽明學就存在著無窮張力。疏解此張力，重啓經典活力，則有待於「敬道心筌」，即：首先，以「敬」爲方法，對作爲教化哲學的王陽明思想重新定位，以教育的眼光，歷史的考據，呈現其思想世界中「敬」的向度；其次，以王陽明著述及相關研究爲基礎，探究其教化的智慧和教化

的路徑；最後，揭示更爲現實性的王陽明教化哲學和其哲學思想的精神，正是在這種精神中，陽明學逐漸形成、發展，並得以自我實現。

在王陽明的教化哲學中，「敬」扮演了不可或缺的關鍵角色。王陽明的教化哲學，始於「敬」的精神，成於生活之「敬」，是「敬」的成人之教。在此，「敬」和「過好生活的人」的教化哲學基本問題緊密結合，將儒家的教化哲學生活化、經典化和實踐化。此即敬道心筌的立場，它意味著回歸性理學的歷史脈絡，發掘其中的現實智慧。

目　次

第八、九冊　章學誠學術思想闡釋史研究

作者簡介

　　何永生，男，1963 年 3 月生人，祖籍湖北省鍾祥縣。史學博士，武漢市教育科學研究院研究員；華中師範大學語文教育研究中心常務副主任，語文教育專業碩士生導師；湖北大學文學院校外碩士生導師；主要從事語文教育史和課程教學研究。出版專著《創作小說的技術與閱讀小說的技術——以〈外國小說欣賞〉為中心》（中國出版集團，世界圖文出版公司）、《開心‧立信‧

築夢——陽明學淺釋》（武漢出版社）；參與國家教材《語文》（鄂教版）和多部地方教材的編寫；在《華中師範大學學報（哲社版）》《湖北大學學報（哲社版）》《江漢論壇》《當代文壇》《湖北社會科學》等發表文史論文 10 餘篇；在《中國教育報》《語文教學與研究》《中學語文教學參考》《中學語文》等發表語文教育教學論文 40 餘篇。

提　要

　　乾嘉章學誠學術思想被後世學人交相闡釋，形成了一部「層累的」闡釋史。論文通過對章氏歿後 200 年間在不同時代思潮、不同學術語境下抱持不同學術主張的代表性學者對其學術思想闡述的歷時性研究，概略呈現學術界對章氏學術思想研究的成果，發微不同研究者闡釋其學術思想的機緣、動機及選題背後潛在的社會文化思潮、學術背景、學政關係和個人風格，體現其學術思想的進化價值與對現代歷史學發展的意義。在粗略梳理章學誠學術思想闡釋史的基礎上，對章氏學術思想研究中的重要問題和章氏學術命題作了較透徹精微的探討與評說。這些問題包括如何理解章氏學術思想以「文史通義」命名；《文史通義》之「文」與「史」論；「六經皆史」論；「由心術而議史德」論；以史爲則，以學爲用，以用爲體的方志學學理與實踐以及「方志乃一方之全史」論等章氏命題人言言殊的問題。

目　次

第十冊　康有爲經學考論

作者簡介

　　周寶銀，男，1982 年出生，江蘇沭陽人，江蘇護理職業學院基礎教學部副書記、副主任，曲阜師範大學歷史學博士。在《中州學刊》等權威發表學術文章 10 餘篇，在《宿遷日報》等報刊發表評論 30 餘篇，編撰的鄉土教材《記住鄉愁——老家沭陽》爲沭陽縣中小學生課外必讀書目。

提　要

　　康有爲是晚清著名的政治家，是戊戌變法的領導者；同時也是著名經學家，是今文經學的集大成者。康有爲在晚清政治上曾叱吒風雲，其學說對中

國近代史產生巨大影響。深厚的家學傳承，加之西學的影響，使其在儒學、經學領域建樹頗豐，且獨具特色。康有為開啓了近代疑古之風，深深影響了顧頡剛等古史辨派。後人對康有為的研究以其政治為主，同時涵蓋文學、經濟、教育等領域，對其經學及其儒家思想則關注較少。本文即對此做系統的研究與細緻的剖析。顯然，康有為不是一個只求瑣屑考據，不聞政事的儒者。時代日蹙，使他繼承了傳統的經世思想，一以貫之地憂患天下。同時，他在注解儒家經典時擴大視野，引入西學，影射政治，這在中國近代產生重大影響。康有為其所作為，為新儒學的開創奠定了堅實的基礎。康有為試圖從傳統經典及西學中尋找中國社會的進化資源，指明社會發展的方向。可以說，康有為在中國近代中國經學史和儒學史上起了不可或缺的作用，對新儒家產生了重要影響。因而，研究康有為的經學思想是十分必要的。

康有為經學思想不同於以往任何時代的經學，獨具特色而且隨時損益，他所堅持的宗旨都是堅守孔子之「道」來力挽社會儒學大廈於將傾。為此，康有為引進西方近代新觀念，重新闡釋儒學，成為實踐儒學與西學相會通的第一人。本文分七章論述此課題。分別對康有為的《春秋》學、《孟子微》、《論語注》、《禮》學進行考察，讓康有為經學思想了然於目，清晰地展現出他對儒學的政治應用，同時展現出其學術思想也經歷了由尊奉古文經到確立今文經學的轉變。

文章最後綜合闡釋康有為經學思想的來源、特徵及歷史地位。家世傳承、西方近代知識、巨變的國情世情都是康有為經學思想的來源，因而其經學思想特徵也是形式多樣、視野廣闊且一以貫之，而歷來對康有為的經學思想褒貶不一。筆者希望通過本文的考論，能全面清晰地展現康有為經學的思想特徵，並從中得到啓示，從而讓更多的學者瞭解康有為對近代儒學的貢獻，也期本文能對以後康有為再研究者能有所幫助或啓示。

目　次

第十一冊　黔北「沙灘文化現象」研究──以鄭珍、莫友芝、黎庶昌的「實學取向」爲分析視角

作者簡介

　　孔維增，男，1981 年 12 月生，籍貫雲南宣威。2014 年畢業於雲南大學歷史學系專門史專業，獲歷史學博士學位。現任教於貴州民族大學民族學與社會學學院，主要從事地方文化史的教學和研究工作。

提　要

　　18 世紀末至 19 世紀末的百年間，今貴州省遵義縣沙灘村文人輩出，研究者將其視爲「沙灘文化現象」。20 世紀 80 年代以來，被視爲一種區域文化的「沙灘文化現象」一直被研究者所關注和重視。爲實現對「沙灘文化現象」的「內在解讀」，本文從作爲治學路徑和學術價值取向的「實學」角度入手展開對「沙灘文化現象」不同典籍的具體分析。

　　鄭珍師承程恩澤，秉持漢學方法，致力於「禮學」研究，是「沙灘文化現象」中經學研究的代表。鄭珍《儀禮》研究專著《儀禮私箋》以「求實」的治學態度、「實證」的研究方法對《儀禮》的名物制度進行篤實的考辨。鄭珍、莫友芝合纂的《遵義府志》，可以視爲「沙灘文化現象」中方志類著述的

代表作。在《遵義府志》的纂修中，鄭珍、莫友芝受漢學方法和方志傳統的影響，運用文獻考證等方法尋求紀事、典章載錄的客觀、眞實，以適當的體例詳細敘述遵義地區政治、經濟、文化教育的沿革和演變情況，並通過直接敘述或間接引錄等方式，表達《遵義府志》「爲民求利」、輕稅興商、「教化風聲」等主張，凸顯出《遵義府志》的「資治意義」。以黎庶昌的經世思想和改革主張爲重點內容的「沙灘文化現象」的「經世之學」，以直面現實、講求「實效」的務實作風，在不同時期、針對不同實際提出了富有現實意義的革新主張。黎庶昌以其對「學以致用」和「實效」、「事功」的強調使得其經世思想展現出與鄭珍、莫友芝的經學和方志學不一樣的「實學」特徵。

目　次

第十二、十三冊　「文明論」與佛教世界觀──現代中國反「現代性」的思想與詩學個案

作者簡介

盧冶，女，1982 年生於瀋陽。2016 年博士畢業於北京大學中文系現當代文學專業，現供職於遼寧大學。2013 年於《讀書》雜誌開設學術隨筆專欄《倒視鏡》，2015 年起於《上海書評》開設民俗文化隨筆專欄《夢野間》。出版有專著《否定的日本》（2014，秀威出版社）、《倒視鏡》（2016，生活・讀書・新知三聯書店）；與他人合著影評集《讀電影》（2013，深圳海天出版社）。

提　要

儘管儒家思想是東亞文明圈近乎「公約數」的存在，但在近代以來的亞洲面對「西方實學」的壓迫、亟待重塑自我之際，更具有症候意義的，卻是強調「空性」的佛教。佛教話語的突顯，不僅涉及到東亞傳統「三教」資源的再分配和「東方文明」的內部調節，也是近代民族國家開闢「另類選擇」的路徑之一。不僅梁啓超、章太炎等晚清以降的學人曾祭起「佛教救國」的大旗，大乘佛學也成為世界範圍內「反現代的現代性」思潮中種種流派的重要精神資源。與親近「實體論」的儒家思想相比，秉持心性論的大乘佛教，常常以既「反現代」又「反傳統」的激進面目出現。特別是革命時期的章太炎以唯識學為資源，建立了一種不同於儒教「獨／群」關係和西方啓蒙主義的「個體──集體」模式的、以「個體──個體」的關係為基礎的共同體理念，形成一種與浪漫主義和啓蒙主義「懷舊過去，寄望未來」不同的烏托邦景觀：即使在「民族危亡」之際，中華文明也不曾死亡，更不在他方，它就棲息在主體「覺悟」的「現場」和「當下」。

　　本書在「文明論」的話語平臺上，採擷晚清以來中國思想、詩學史上較為典型的個案，以發隱和鉤沉這條被歷史所壓抑的佛學認識論線索，將佛學與西學共享的知識框架問題化，讓種種「身在山中」的盲視及被遮蔽的心理位次，在「文明」「宗教」的刺挑和映照下得以顯影。

目　次

第十四、十五冊　大六壬的古天文學原理及心智哲學機理研究

作者簡介

　　冉景中，易名「赤甲聃」，癸丑年生，哲學博士（中國社會科學院），專業技術副高職，國際易學聯合會學術部理事；曾在軍隊服役 14 年（歷任助教、隊長、營教導員等職），獲工學學士（解放軍理工大學）、管理學碩士（裝甲兵工程學院）；已發表學術論文數篇（唯一作者），在軍旅期刊發表歌曲一首（唯一作者）；已出版專著《軍校大學生成才之友》（海潮出版社 2006 年）。

提　要

　　本研究是在作者的博士論文基礎上擴寫而成，主要由緒論、正文、結論三部分構成。

　　正文部分共九章，分為上下兩篇，分別討論大六壬占法中的古天文學原理、預測機理及哲學意義等問題。

　　第二章從中國古代天文學、先民的生殖崇拜和先民對萬物起源的思考等幾個方面來探討大六壬的古老起源。第三章通過古代星占學、天文學和鬼神崇拜的研究，考察天一貴神的起源，探索「天傾西北」「天門地戶」這些說法的由來。第四章研究西周至東漢年間的曆法演變情況，考察大六壬「日在加時」占法的源流，並對《龜策列傳》宋元王夢占提出新的解釋。第五章研究考察「天一貴神」的算法原理，從而追溯天干五合及「五合化氣」思想與干支紀曆之產生。第六章在上篇以上諸章的研究基礎上，進一步討論大六壬的最終形成。

　　第七章通過多種數術的對比研究，考察人的二重認知模式及其呈現特

點。第八章研究大六壬等數術的預測機理，用現代科學成果解釋「同氣相求」原理，並指出榮格「共時性原理」的不當之處。第九章通過六壬課、金錢卦的成卦（課）的現象，借用現代腦科學和行爲科學的成果，多角度多層次來研究必然與偶然、自由意志的問題。第十章對「善爲易者不占」的含義提出個人見解，對江湖上借占卜行騙的行爲進行揭露。

　　本書選題新穎，有很多原創性觀點。

目　次

兩漢《尚書》學及其對當時政治的影響
（修訂本）

李偉泰　著

作者簡介

李偉泰教授，1977 年畢業於臺灣大學中國文學研究所博士班，獲國家文學博士學位。歷任臺灣大學中國文學系講師、副教授、教授、系所主任等職。其學術專長主要為《史記》、《漢書》、兩漢學術史、《四書》，並長期從事相關之教學與普及推廣工作。著有《兩漢尚書學及其對當時政治的影響》（臺北：臺灣大學文學院，《文史叢刊》之四十三，1976 年 6 月初版），《漢初學術及王充論衡述論稿》（臺北：長安出版社，1985 年 5 月），與該系同仁合作編著《史記選讀》（臺北：臺大出版中心，2014 年 8 月增訂一版），與何寄澎等合作編著《中國文化基本教材》（臺北：龍騰出版社，1999～2000 年），其他論著詳見臺灣大學中國文學系網頁。

提 要

　　本書分為上、下兩編，上編《兩漢尚書學》，指出兩漢《尚書》學具有八項特色：一、《尚書》經文的神聖化。二、以正名主義的語言理論（聲訓）解釋經文。三、以讖緯的說法解釋經文。四、以陰陽五行的理論解釋經文。五、為使經文可以作為「諫書」使用，因而因事解經，異說紛陳。六、為了疏釋難解的經文、或為遷就主觀的需要、或為探究相關的史料，而有增字解經和推衍經義的現象。七、在敘述前代的事實和制度時，以漢代人的觀念來解釋經文。八、為了通經致用，漢儒的解說和經文原義的差距可以很大，形成名實不符的現象。

　　兩漢《尚書》學的發展是兩漢經學變遷的一個方面，它具有如下幾個特點：一、由於各家經師經說內容的差異，造成經學家派的分立。在通經致用的時代，這種經說紛歧的現象，對於朝廷和儒生，都有不便之處，於是遂有謀求統一經說的需求，宣帝時論定五經於石渠閣，章帝時講議五經同異於白虎觀，共同的目的即在統一紛歧的經說。靈帝時刊刻熹平石經，這件正定經典異文的工作，和統一紛歧經說的努力，精神上相通，而較易於收效。二、經學日益昌明，最遲從夏侯建開始，經師衝破了墨守一家之說的藩籬，講求經說的會通。到了東漢初年，部分經師更打破了家法的範圍，這種趨勢最終導致今古文的合流。三、論難的風氣，是推動經說走上會通的另一項動力。四、經說的內容由簡趨繁，一部經說的字數，多的達到百餘萬言，促使東漢以來的經師紛紛刪減前人的章句。這種趨勢的結果，最終自然導向經說的統一。五、到了鄭玄、王肅手裏，宣帝、章帝謀求整齊異說的努力終於得到了成功，此後今古文的界限就變得混淆不清了。

　　本書下編為《兩漢尚書學對當時政治的影響》。在通經致用的時代，經義成為當時政治的指導原則，舉凡處理一般政務，人臣諫諍君主，防制外戚與宦官的權勢，乃至治河及畫分地理區域，更改官制，變革法律，都需要儒家經典的依據。「《書》記先王之事，故長於政。」（《史記・太史公自序》）所以《尚書》及其經說每每成為當時推行一般政務，以及處理變革事務的主要依據。這些依據有時並非決策時的主要因素，實際上的支配力量是當時的政治情勢。對於這類情形，本編均列舉實例說明。

修訂說明

　　本書是我就讀臺灣大學中國文學研究所時撰寫的碩士論文，由先師屈萬里先生指導，於 1972 年 6 月完成。1976 年 6 月，本書被列爲臺大《文史叢刊》之四十三，由臺灣大學文學院出版。年深日久，此書早已絕版多年。花木蘭出版社成立後，屢承該社函詢將本書交由該社出版，但由於我認爲再版之前應作若干必要之修訂，遷延至今才修訂完畢。

　　修訂之項目如下：一、改用目前通行之標點符號：書名用《》，如《尚書》；篇名用〈〉，如〈堯典〉；書名加篇名用《・》，如《尚書・堯典》。二、重校所有引文，並一一注明出處。部分引文改依近年出版之版本，讀者較易尋找覆檢。三、修飾若干文詞。四、英文提要委由從游余其濬（Trever McKay）博士修訂。五、全書結構及論證如舊，盡可能保留初版之樣貌。六、增收附錄一篇：〈《競建內之》與《尚書》說之互證〉。

　　本書從初稿到這次修訂，得到了許多師長和朋友的指教，以及從游諸生和花木蘭出版公司同仁的協助，在此一併表示衷心的感謝！

李偉泰謹識

二〇一八年九月

上編　兩漢《尚書》學

第一章　兩漢《尚書》學概述

第一節　引言

　　本文的目的，是採取歷史敘述的方式，客觀的說明漢儒闡釋《尚書》意義的若干學說。

　　從漢初伏生傳《尚書》到清末，時間長達兩千餘年。其間朝代屢次更替，思想迭有變遷，自然影響到學者的治學態度，因此《尚書》學的面貌也就屢次轉變。換句話說，每一代都有它特殊的時代精神，也都有屬於那一特殊時代的《尚書》學。在陰陽五行和讖緯說支配下的兩漢《尚書》學，和經過老莊自然主義洗禮的魏晉《尚書》學，面貌就有顯著的不同。將《洪範五行傳》和《偽孔傳》所解釋的〈洪範〉一比較，就可以很清楚的看出彼此間的差異。而且，即使在同一時代，由於學派的不同，學者間治學的態度和方法既不一致，治學的結果自然有所差異。尤其兩漢經學有今古文之爭，前後漢在時間上足足有四百年光景，這種學派的差異更為顯著。因此，由於兩漢特殊的時代精神，兩漢今古文《尚書》學固然有其共同處；但由於學派的不同，所以自然也有其相異處。本書上編各章節將敘述它們共同具有的特徵和相異的部分，並略作比較。

　　利用新近的資料和知識，如甲骨文、金文、古文法、考古學、民族學等，作為解釋及比較的材料，我們可以儘可能的接近《尚書》的原始意義。拿這些接近原始意義的解釋和漢儒的解釋比較，可以發現漢儒解釋《尚書》，不論是在文字的訓詁方面，或者是在文義的解說方面，雖然有不少是符合原始意

義的，但也有很多顯然是違悖了原始意義，甚至有些是絲毫都不相干的附會。分析歸納這些不合原義的解釋，可以看出兩漢《尚書》學的特色。檢閱那些符合原義的解釋，這些解釋是在秦火及戰亂之後，漢儒在極艱困的情況下傳授經典，是漢儒四百年傳經累積的成果，可以想見漢儒傳經的艱難。他們的缺陷，不必諱言；他們的貢獻，也不容輕易抹煞。

第二節　今古文《尚書》源流概述

　　兩漢經學，有今古文的分別。所謂今文經，是指用隸書所寫的經書，隸書是漢代通行的字體，因此後來就稱它為今文。所謂古文經，是指用漢以前的字體，也就是所謂古籀文字所寫的經書，因此後來稱它為古文。名目雖稱古今，實際上今文先出，古文後出。漢代設立五經博士官，博士們所用經書的本子，是用今文寫的。後來那些散在民間，藏在牆壁間的古書漸被發現，這些書是用古文寫的。今古文不僅書寫的文字不同，字句不同，尤其在經義的解說方面，更大不相同。

　　漢代的今文《尚書》二十九篇，是伏生傳下來的，至今仍然存在。《史記·儒林列傳》說：

> 伏生者，濟南人也，故為秦博士。孝文帝時，欲求能治《尚書》者，天下無有，乃聞伏生能治，欲召之。是時伏生年九十餘，老不能行，於是乃詔太常，使掌故朝錯往受之。秦時焚書，伏生壁藏之。其後兵大起，流亡。漢定，伏生求其書，亡數十篇，獨得二十九篇，即以教于齊、魯之閒。學者由是頗能言《尚書》，諸山東大師，無不涉《尚書》以教矣。〔註1〕

由此可知，伏生的書，原由壁藏，經亂喪失，僅存二十九篇。翼鵬師說：「其書為古文所書，抑為秦篆、為隸書，雖難確知；而朝錯受書時，乃據伏生之本，寫以隸書，則可以斷言者。」〔註2〕

　　關於伏生二十九篇的篇名，王先謙《尚書孔傳參正》說：

> 伏生之二十九篇，〈堯典〉一（原注：連「慎徽五典」以下），〈皋陶謨〉二（原注：連「帝曰來禹」以下），〈禹貢〉三，〈甘誓〉四，〈湯

〔註1〕《史記》（北京：中華書局，2011年），卷121，頁3124～3125。
〔註2〕《尚書釋義·敘論》（臺北：中華文化出版事業社，1966年），頁8。

誓〉五，〈盤庚〉六，〈高宗肜日〉七，〈西伯戡黎〉八，〈微子〉九，
〈坶誓〉十，〈鴻範〉十一，〈大誥〉十二，〈金縢〉十三，〈康誥〉
十四，〈酒誥〉十五，〈梓材〉十六，〈召誥〉十七，〈雒誥〉十八，〈多
士〉十九，〈無佚〉二十，〈君奭〉二十一，〈多方〉二十二，〈立政〉
二十三，〈顧命〉二十四，〈康王之誥〉二十五，〈柴誓〉二十六，〈甫
刑〉二十七，〈文侯之命〉二十八，〈秦誓〉二十九。〔註3〕

伏生以後，歐陽、大、小夏侯均將〈康王之誥〉併入〈顧命〉，加上後得的〈太
誓〉，仍爲二十九篇。王氏說：

> 知〈顧命〉、〈康王之誥〉爲一篇者，僞孔〈序〉云：「伏生〈康王之
> 誥〉合於〈顧命〉」（原注：「以歐陽、夏侯爲即伏生本，誤。」），《釋
> 文》云：「歐陽、大、小夏侯，同爲〈顧命〉。」此其明證也。既以
> 〈康王之誥〉合於〈顧命〉，則二十八矣；仍爲二十九者，王充、房
> 宏皆云後得〈太誓〉，二十九篇始定，是後漢人見歐陽、夏侯本皆有
> 〈太誓〉，合爲二十九篇之明證也。〔註4〕

這篇後得的〈太誓〉，是在宣帝時由河內女子所獻上。〔註5〕

伏生始傳《尚書》於秦火之後，門徒記錄其遺說，寫成《尚書大傳》。到
漢武帝時，以歐陽高爲博士，是爲歐陽《尚書》。《漢書·儒林傳》說：

> 歐陽生字和伯，千乘人也。事伏生，授倪寬。……歐陽、大、小夏
> 侯氏學皆出於寬。寬授歐陽生子，世世相傳，至曾孫高子陽，爲博
> 士。〔註6〕

是歐陽《尚書》出於伏生。此外有大、小夏侯《尚書》，大夏侯名勝，小夏侯
名建，於宣帝時立爲博士。《漢書·儒林傳》說：

> 夏侯勝，其先夏侯都尉，從濟南張生受《尚書》，以傳族子始昌。始
> 昌傳勝，勝又事同郡簡卿。簡卿者，倪寬門人。勝傳從兄子建，建
> 又事歐陽高。……由是《尚書》有大、小夏侯之學。〔註7〕

〔註3〕　《尚書孔傳參正·序例》（濟南：齊魯書社，2011 年，《清經解三編》影印光
　　　　緒三十年〔1904 年〕虛受堂刊本），頁 1 下～2 上。

〔註4〕　同前注，頁 2 下。

〔註5〕　得書時間見《論衡·正說篇》，黃暉，《論衡校釋》（臺北：臺灣商務印書館，
　　　　1978 年），卷 28，頁 1120。篇名見《隋書·經籍志》（臺北：鼎文書局，1980
　　　　年），卷 32，頁 949。

〔註6〕　《漢書》（北京：中華書局，2010 年），卷 88，頁 3603。

〔註7〕　同前注，頁 3604。

按：《漢書・儒林傳》於伏生條下說：「伏生教濟南張生及歐陽生。」於歐陽生條下說：「事伏生，授倪寬。」「寬授歐陽生子，世世相傳，至曾孫高子陽，為博士。」大、小夏侯的師承：張生、莬卿、歐陽高，都是伏生一脈傳下的，所以大、小夏侯《尚書》也同樣出於伏生。〔註8〕

古文《尚書》出於孔壁，較二十九篇的今文《尚書》多出十六篇。劉歆〈移太常博士書〉說：

> 及魯恭王壞孔子宅，欲以為宮，而得古文於壞壁之中，逸《禮》有三十九，《書》十六篇。天漢之後，孔安國獻之，遭巫蠱倉卒之難，未及施行。〔註9〕

《漢書・藝文志》說：

> 古文《尚書》者，出孔子壁中。武帝末，魯共王壞孔子宅，欲以廣其宮，而得古文《尚書》及《禮記》、《論語》、《孝經》，凡數十篇，皆古字也。……孔安國者，孔子後也，悉得其書，以考二十九篇，得多十六篇。安國獻之，遭巫蠱事，未列于學官。〔註10〕

多出的十六篇古文，《尚書・堯典正義》據鄭注《書序》說：

> 〈舜典〉一（別一〈舜典〉，與僞古文自〈堯典〉分出的今本〈舜典〉不同），〈汩作〉二，〈九共〉九篇十一，〈大禹謨〉十二，〈益稷〉十三，〈五子之歌〉十四，〈胤征〉十五，〈湯誥〉十六，〈咸有一德〉十七，〈典寶〉十八，〈伊訓〉十九，〈肆命〉二十，〈原命〉二十一，〈武成〉二十二，〈旅獒〉二十三，〈冏命〉二十四。以此二十四為十六卷，以〈九共〉九篇共卷，除八篇，故為十六。〔註11〕

這十六篇是真古文，今傳《僞孔傳》本和這十六篇雖有多篇同名，卻都是劉宋以後所僞造的（詳後）。

孔壁古文《尚書》得書的時間，實際上不在武帝末年。獻書的人，也不是孔安國。據《史記・五宗世家》，魯共王以孝景前三年為魯王，在位二十六年卒（前154至前129年，即武帝元光六年卒）。〔註12〕《漢書・景十三

〔註8〕 同前注，頁3603～3604。
〔註9〕 《漢書・楚元王傳》，卷36，頁1969。
〔註10〕 《漢書》，卷30，頁1706。
〔註11〕 《尚書注疏》（臺北：藝文印書館，1976年，影印嘉慶二十年〔1815年〕江西南昌府學刊本），卷2，頁2下。
〔註12〕 《史記》，卷59，頁2095。

王傳》說：「恭王初好治宮室，壞孔子舊宅以廣其宮。」〔註13〕是壞孔宅得書，事在恭王初年。《論衡・正說篇》說：「至孝景帝時，魯共王壞孔子教授堂以爲殿，得百篇《尚書》於墻壁中。」〔註14〕以爲得書在景帝之世，這說法是正確的。至於獻書之人，舊說以爲孔安國，至閻若璩著《尚書古文疏證》（也稱爲《古文尚書疏證》，如《四庫全書總目》），據荀悅《漢紀・成帝紀》，證知獻書者爲孔安國家。〔註15〕其後朱彝尊《曝書亭集》，〔註16〕王鳴盛《尚書後案》，均發揮此說。王氏又根據宋本《文選》，證知劉歆〈移太常博士書〉安國下也有家字。〔註17〕所以古文《尚書》是由孔安國後人所獻，而非安國自身。

　　古文《尚書》雖比今文多出十六篇，但均已亡佚。翼鵬師說：

　　　　孔安國於古文《尚書》曾否作傳，迄今尚無定論。而古文《尚書》，
　　　　除於平帝時，曾一度置博士外；自餘東、西兩漢，皆未立於學官。
　　　　漢末大儒，如賈逵、馬融、鄭玄，雖皆傳古文；而三家之注《尚書》，
　　　　則但注今文諸篇，於古文則述而不注（原注：「說見王鳴盛《尚書後
　　　　案》及王先謙《尚書孔傳參正》。」），王肅解《尚書》，蓋亦如是。
　　　　古文《尚書》，漢時既不爲朝廷所尚；故民間重之者亦罕。以是之故，
　　　　當建武之際，即亡〈武成〉一篇（原注：「見《尚書正義・武成篇》
　　　　引鄭康成說。」）；至永嘉之亂，而其餘十五篇，竟全部亡失：至可
　　　　惜也。〔註18〕

此外有僞古文《尚書》，僞古文前後有兩個本子，其一爲漢成帝時張霸僞造的《百兩篇》本。《漢書・儒林傳》說：

　　　　世所傳《百兩篇》者，出東萊張霸，分析合二十九篇以爲數十，又
　　　　采《左氏傳》、《書敍》爲作首尾，凡百二篇。篇或數簡，文意淺陋。
　　　　成帝時求其古文者，霸以能爲百兩徵，以中書校之，非是。霸辭受

〔註13〕《漢書》，卷 53，頁 2414。

〔註14〕《論衡校釋》，卷 28，頁 1121。

〔註15〕《尚書古文疏證》（臺北：藝文印書館，1965 年，影印《皇清經解續編》本），卷 2，頁 4 上～4 下。

〔註16〕見《曝書亭集・尚書古文辨》（臺北：臺灣商務印書館《四部叢刊》正編，1979 年，影印康熙原刊本）卷 58，頁 4 上～8 下。

〔註17〕《尚書後案》（臺北：藝文印書館，1986 年，影印《皇清經解》本），卷 434 上，頁 11 上。

〔註18〕《尚書釋義・敍論》，頁 10～11。

父，父有弟子尉氏樊並。時太中大夫平當、侍御史周敞勸上存之。

後樊並謀反，乃黜其書。〔註19〕

是張霸偽造的《百兩篇尚書》，出現不久即被黜而不傳。另一個偽本是通行的《偽孔傳》五十八篇本。《隋書・經籍志》說：

> 晉世秘府所存，有古文《尚書》經文，今無有傳者。及永嘉之亂，
> 歐陽、大、小夏侯《尚書》並亡。……至東晉豫章內史梅賾，始得
> 安國之傳奏之。時又闕〈舜典〉一篇，齊建武中，（吳）姚方興於大
> 桁市得其書奏上，比馬、鄭所注多二十八字，於是始列國學。〔註20〕

這五十八篇的成分，是將伏生二十九篇析為三十三篇，即自〈堯典〉析出〈舜典〉，於「慎徽五典」上，加「曰若稽古帝舜，曰重華，協于帝。濬哲文明，溫恭允塞，玄德升聞，乃命以位。」二十八字。〔註21〕自〈皋陶謨〉析出〈益稷〉，〈盤庚〉分為三篇。又偽造〈大禹謨〉、〈五子之歌〉、〈胤征〉、〈仲虺之誥〉、〈湯誥〉、〈伊訓〉、〈太甲〉（三篇）、〈咸有一德〉、〈說命〉（三篇）、〈泰誓〉（三篇）、〈武成〉、〈旅獒〉、〈微子之命〉、〈蔡仲之命〉、〈周官〉、〈君陳〉、〈畢命〉、〈君牙〉、〈冏命〉，計二十五篇。所以今傳《偽孔傳》五十八篇本經文之中，偽造的佔了二十五篇。這二十五篇自（宋）吳棫、朱熹、蔡沈、（元）

〔註19〕《漢書》，卷88，頁3607。

〔註20〕《隋書》，卷32，頁915。姚方興，原作「姚興方」，據《經典釋文・敘錄》、《史通・古今正史篇》改。

〔註21〕這二十八字是歷次增加的。《經典釋文》（臺北：鼎文書局，1972年，影印通志堂刊本，卷3，頁4上。）於〈舜典〉篇首抄錄「曰若稽古」以下十二字說：

> 此十二字是姚方興所上孔氏傳本（今本作：「此十二字是姚方興所上孔氏傳本，無阮孝緒……無施也。」依陳夢家據敦煌寫本校改，見《尚書通論》〔北京：中華書局，1985年，頁69。〕），阮孝緒《七錄》亦云然。方興本或此下更有「濬哲文明溫恭允塞玄德升聞乃命以位」凡二十八字，異，聊出之。於王注無施。

這是以為姚方興本〈舜典〉經文，篇首所增之字，可能有十二字或二十八字兩種異本。阮元《尚書注疏校勘記》不同意這說法，他說：

> 方興奏上孔氏傳本，不容遽有異本，疑經文「濬哲」以下十六字，及傳三十六字，又後人所加。（明）鄭曉謂〈舜典〉《孔傳》乃劉光伯偽撰，托名姚方興。細按方興之事，見《釋文・序錄》，不可誣也。惟「濬哲」以下十六字，或劉氏所增耳。

劉光伯即劉炫，是隋代一位慣於作偽的學者。至於姚方興所增加的十二字，也有所本，前九字（曰）若稽古帝舜曰重華）出於〈尚書中候考河命〉（安居香山、中村璋八輯，《緯書集成》〔石家莊：河北人民出版社，1994年〕，頁428。），他所加的只是「協于帝」三字。

吳澄、（明）梅鷟等都懷疑是偽書，至（清）閻若璩《古文尚書疏證》，及惠棟《古文尚書考》兩書完成後，二十五篇之爲偽作，已成定案。

僞古文《尚書》出現的時間，實際上不能早到東晉初年的梅賾。崔述《古文尚書辨偽》說：

> 五十八篇經傳非孔安國所傳，梅賾所奏上，果何人所撰，至何時始
> 行於世邪？……據其時所著之書觀之，王坦之，東晉人也；范蔚宗，
> 宋元嘉時人也，藉令東晉之初此書果已奏上行世，坦之、蔚宗必無
> 不見之者。而坦之著〈廢莊論〉，引「人心」「道心」二語，不言其
> 爲〈虞書〉，是坦之未見此書也。蔚宗著《後漢書·儒林傳》，但云：
> 「賈逵作訓，馬融作傳，鄭玄注解，由是古文《尚書》遂顯於世。」
> 若不知別有二十五篇者，是蔚宗亦未見此書也。直至（梁）劉勰作
> 《文心雕龍》，始引此二十五篇之文。然則是元嘉以前，此書初未嘗
> 行於世，至齊、梁之際始出於江左也。〔註22〕

王坦之卒於東晉孝武帝寧康三年（375年），范曄卒於宋文帝元嘉二十二年（445年），〔註23〕崔氏舉王坦之〈廢莊論〉，和范曄《後漢書·儒林傳》爲證，說明偽古文《尚書》在宋文帝元嘉以前未嘗行於世，是很正確的。程廷祚《晚書訂疑》利用宋、齊文獻引《書》的材料，把偽古文《尚書》出現的時間，訂爲宋元嘉以後。他說：

> 范蔚宗撰《後漢書》，論贊極多，未見有引用晚《書》者，其〈西羌
> 傳〉中言〈舜典〉竄三苗，而不言〈禹謨〉征苗事。徐廣《史記音
> 義》釋所載《尚書》，常引皇甫謐之語而不及《孔傳》。又裴松之注
> 《三國志》，於其文用《尚書》者，率援鄭注爲訓，閒引馬氏，而亦
> 不及《孔傳》。……此三君子皆終於元嘉之世者也。至松之子駰爲《史
> 記集解》，則居然引用安國之說，而其後屬辭之家，稍稍徵引。如宋
> 明帝詔用〈禹謨〉（反道敗德）、〈仲虺之誥〉（矯誣上天）；蕭道成九
> 錫文及策命用〈允征〉（火炎崑岡，玉石俱焚。）、〈泰誓〉（弼予一
> 人，永清四海。）、〈禹謨〉（臨下以簡，御衆以寬。）；順帝禪位詔

〔註22〕《古文尚書辨偽》，卷一：〈古文尚書眞偽源流通考〉，收入《崔東壁遺書》（上海：上海古籍出版社，1983年），頁591下～592上。

〔註23〕王坦之，生平見《晉書》，卷75。范曄，生平見《宋書》，卷69；《南史》，卷33。

用〈蔡仲之命〉（皇天無親，惟德是輔；民心無常，惟惠之懷。）；王微〈與江湛書〉引〈咸有一德〉（任官惟賢才）；顏延之〈赭白馬賦〉用〈禹謨〉（惟德動天）；顧覬之〈定命論〉引〈禹謨〉（惠迪吉）；謝莊奏用〈禹謨〉（罪疑惟輕，又：宥失弗經。）。……若斯之類，頗見篇章，梁代尤盛。故王儉《七志》、阮孝緒《七錄》俱載其目，安國〈自序〉亦入《昭明文選》。〔註24〕

他的結論是：晚《書》見於宋元嘉以後。程氏引證繁博，考定細密，這結論是可信的。

周鳳五著《偽古文尚書問題重探》，在引述崔、程二氏的論證之後，進一步推定「今本古文《尚書》大致出現於元嘉二十八年（451 年）以後，孝建三年（454 年）以前，首尾五年之間。」〔註25〕他認為程氏提到范曄、徐廣、裴松之三人卒於元嘉之世，三人中以裴松之死的最晚，裴氏卒於宋文帝元嘉二十八年。裴氏注《三國志》不及《偽孔傳》，所以今本古文《尚書》大致出現於此年之後。最早徵引偽古文《尚書》的，是顏延之的〈赭白馬賦〉，顏氏卒於宋孝武帝大明元年（457 年），所以今本古文《尚書》應出現於此年以前。〔註26〕

至於所謂《孔安國傳》，全係偽託。《偽孔傳》也有先後兩本，第一本《偽孔傳》出現於西晉初年，只有二十九篇經傳，也就是後來梅賾所獻的「安國之傳」。第二本《偽孔傳》即今本，出現於劉宋元嘉以後，經、傳各五十八篇。〔註27〕

伏生所傳的二十九篇（《尚書正義》據《偽孔傳》，分為三十三篇），真實可信，真古文既已亡佚，今傳二十五篇古文之偽已成定案，可以不論。本文即依據伏生今文《尚書》二十九篇，以論兩漢《尚書》學。惟今文歐陽，大、小夏侯《尚書》已亡於永嘉之亂；漢末至魏，馬融《書》傳多用古文家說；鄭玄及王肅《書》注，兼採今古文之說。至唐太宗時，孔穎達等據《偽孔傳》撰《尚書正義》，偽孔定於一尊，而馬、鄭、王三家的書，不久也就

〔註24〕《晚書訂疑》（臺北：藝文印書館，1965 年，影印《皇清經解續編》本），卷1，頁 13 上～14 上。

〔註25〕周鳳五，《偽古文尚書問題重探》（臺灣大學中國文學研究所碩士論文，1974年 6 月），四章一節：〈今本古文尚書的出現〉，頁 139。

〔註26〕同前注，頁 137～142。

〔註27〕說詳周鳳五《偽古文尚書問題重探》，二章：〈尚書孔傳有先後兩本〉。參看程廷祚《晚書訂疑》；劉師培《尚書源流考》；戴師靜山先生《閻毛古文尚書公案》，頁 149～158。

亡佚了。〔註28〕

　　本文取材時，於今文家之說，以《漢書・五行志》，段玉裁《古文尚書撰異》，孫星衍《尚書今古文注疏》，陳壽祺《尚書大傳輯校》，陳喬樅《今文尚書經說考》、《尚書歐陽夏侯遺說考》，陳立《白虎通疏證》，皮錫瑞《今文尚書考證》為主要資料，以兩漢人引經為輔助資料。古文家的說法，則多採自孫星衍《尚書今古文注疏》。

第三節　陰陽五行說及讖緯影響兩漢經說的原因

　　漢儒對於經義的解說，不限於訓詁，其中還包含了許多和經義有間接關係，甚至毫不相干的事物。就訓詁來說，由於經書神聖化的結果，因而認為經書中的文字都有一番大道理，所謂「筆則筆，削則削，子夏之徒不能贊一辭。」〔註29〕面對這種神聖的經文，漢儒有很多不必要的解說。在他們來說，也許以為這才是聖人的微言大義；在後人看來，就不免是郢書燕說，附會重重了。和這種經書神聖化的解說極有關聯的，是利用聲訓的方式，解釋某一名稱命名的由來。例如服虔說《左傳》「桃弧棘矢」：「桃所以逃凶也。」〔註30〕便是在推測弧用桃的原義。

　　檢視這些經說的內容，有很多離奇怪誕的成分，是由陰陽五行說（包括災異說）和讖緯為主幹形成的。還有一部分經說是和經文相關的史料及傳聞，這些經說，有些只是漢儒以漢律古所認識的古代史。這種解說的結果，自然造成或多或少的名實分離。本節將敘述陰陽五行說和讖緯影響《尚書》學的政治及思想因素。陰陽五行說和讖緯的內含，及其他特徵的介紹，則將在二、三章中分節討論。

　　兩漢經說明顯的特徵之一，是陰陽五行說的充斥。這種現象的思想因素，可以從幾個方面加以考察。自從陰陽說和五行說在騶衍手上融合為一後，〔註31〕發

〔註28〕以上敘述今古文的源流，略本屈師翼鵬所著《尚書釋義》。並參考周予同《羣經概論》、《經今古文學》，戴師靜山《閻毛古文尚書公案》、周鳳五《偽古文尚書問題重探》等書。

〔註29〕《史記・孔子世家》，卷47，頁1944。

〔註30〕《春秋左傳注疏・昭公四年》（臺北：藝文印書館，1976年，影印嘉慶二十年〔1815年〕江西南昌府學刊本），卷42，頁23下。

〔註31〕陰陽說和五行說的融合情形，說詳李漢三，《先秦兩漢之陰陽五行學說》，第一編：〈陰陽五行說探源〉（臺北：維新書局，1968年），頁1～50。

展極為迅速。適逢漢代是一個學術思想混合交流的成熟時代，陰陽五行說不僅攙入漢儒的思想，並且成為漢人朝野上下共同視為理所當然的道理。不相信這套思想的反而是極少數的學者，揚雄和王充是他們的代表人物。

思想混合的情形，如司馬談〈論六家要指〉說：

> 道家……其為術也，因陰陽之大順，采儒、墨之善，撮名、法之要。
> 〔註32〕

《漢書・藝文志》說：

> 儒家者流，蓋出於司徒之官。助人君順陰陽明教化者也。〔註33〕

他們都指出儒、道二家的內含，業已滲進了陰陽家的說法。《淮南子・要略》更明白指出混合是必需的：

> 若劉氏之書（指《淮南子》），觀天地之象，通古今之事，權事而立制，度形而施宜。原道之心，合三王之風，以儲與扈冶。玄眇之中，精搖靡覽。棄其畛挈，斟其淑靜，以統天下，理萬物，應變化，通殊類。非循一迹之路，守一隅之指，拘繫牽連之物，而不與世推移也，故置之尋常而不塞，布之天下而不窕。〔註34〕

篇中還有一大段議論，闡釋不通殊類的毛病。〔註35〕所以早在漢初，思想的混合不僅已成事實，而且在理論上被視為必要。分別漢代儒、道等家派的不同，只能從中心思想來加以判定。

《史記・陳丞相世家》載陳平說：

> 宰相者，上佐天子理陰陽，順四時，下育萬物之宜，外鎮撫四夷諸侯，內親附百姓，使卿大夫各得任其職焉。〔註36〕

文帝以為善。又如《漢書・丙吉傳》說：

> 吉又嘗出，逢清道羣鬥者，死傷橫道，吉過之不問，掾史獨怪之。吉前行，逢人逐牛，牛喘吐舌，吉止駐，使騎吏問：「逐牛行幾里矣？」掾史獨謂丞相前後失問，或以譏吉。吉曰：「民鬥相殺傷，長安令、

〔註32〕《史記・太史公自序》，卷130，頁3289。又見《漢書・司馬遷傳》，卷62，頁2710。

〔註33〕《漢書》，卷30，頁1728。

〔註34〕劉文典，《淮南鴻烈集解》（北京：中華書局，1989年），頁711～712。

〔註35〕見《淮南子・要略》「凡屬書者，所以窺道開塞。」至「故著書二十篇，則天地之理究矣，人間之事接矣，帝王之道備矣。」《淮南鴻烈集解》，頁706～707。

〔註36〕《史記》，卷56，頁2061～2062。

> 京兆尹職所當禁備逐捕。歲竟，丞相課其殿最，奏行賞罰而已。宰
> 相不親小事，非所當於道路問也。方春少陽用事，未可大熱，恐牛
> 近行，用暑故喘，此時氣失節，恐有所傷害也。三公典調和陰陽，
> 職當憂，是以問之。」掾史乃服，以吉知大體。〔註37〕

陳平明白指出「理陰陽，順四時」是宰相的職責。丙吉在春天出行，關切喘氣吐舌的牛走了幾里路，理由是「三公典調和陰陽」，擔心春天太熱，時氣失節，造成傷害。直到東漢安帝時，陳忠上疏薦劉愷，仍以「協和陰陽」為三公重要職責之一。可見陰陽五行思想對漢人的影響，不僅鉅大，而且歷久不衰。

王充《論衡》疾當世之虛妄，對於世書俗說，加以有系統的批評。《論衡》所批評的儒者及儒書的說法，大部分是陰陽家的論調，部分沒有指明那一家所說，但這些說法卻是漢儒所經常說的。值得注意的是《論衡》某些篇中，也具有陰陽五行說的色彩。例如〈亂龍篇〉為董仲舒設土龍招雨辯護，認為以象類有十五驗，以禮示有四義。〔註38〕〈講瑞篇〉、〈指瑞篇〉、〈是應篇〉相信瑞應，〈宣漢篇〉更列舉漢代所出現的多種瑞應。

從上述幾點說明，可知陰陽五行說為漢代極其流行的思想，而當時的學術界又視思想交流為當然之事，那麼漢儒自賈誼、董仲舒以下都沾有陰陽家的色彩，乃是一件極為自然的事。

學術影響政治，反過來，政治也影響學術。漢儒的經說充滿陰陽五行的色彩，政治層面有推波助瀾的作用。兩漢的帝王常常因災異策問經術士，有時候甚至指定必須依經義回答。在這種情形下，兩漢儒生即使想不研習陰陽五行說也不可能，何況這種學說還具有令人主「懼然顧化」的作用，〔註39〕因此他們就順勢藉充滿災異說的經義來論政。例如《漢書·公孫弘傳》載武帝策問諸儒說：

> 子大夫修先聖之術，明君臣之義，講論洽聞，有聲乎當世，（敢）問
> 子大夫：天人之道，何所本始？吉凶之效，安所期焉？禹、湯水旱，
> 厥咎何由？仁義禮知，四者之宜，當安設施？屬統垂業，物鬼變化，
> 天命之符，廢興何如？〔註40〕

〔註37〕《漢書》，卷74，頁3147。
〔註38〕《論衡校釋》，卷16，頁694～703。
〔註39〕《史記·孟子荀卿列傳》，卷74，頁2344。
〔註40〕《漢書》，卷58，頁2614。

〈董仲舒傳〉載武帝策問，也提到了陰陽錯繆，災異之變的問題。〔註41〕〈宣帝紀〉載本始四年（前70年）詔：

> 蓋災異者，天地之戒也。……朕甚懼焉。丞相、御史，其與列侯、中二千石博問經學之士，有以應變，輔朕之不逮，毋有所諱。令三輔、太常、内郡國舉賢良方正各一人。〔註42〕

〈成帝紀〉載元延元年（前12年）詔：

> 今孛星見于東井，朕甚懼焉。公卿大夫、博士、議郎，其各悉心，惟思變意，明以經對，無有所諱。〔註43〕

又如《後漢書·趙典列傳》載，典博學經書，桓帝時，「朝廷每有災異疑義，輒諮問之。典據經正對，無所曲折。」〈周舉列傳〉載，舉博學洽聞，為儒者所宗，京師之人稱他為「五經從橫周宣光」，順帝屢次問以災異之事。〔註44〕

　　由上可知，帝王以陰陽災異諮問經術士，間或指定必須明以經對，他們也就據經以對，並且趁機發揮一番政治哲理，企圖使帝王因恐懼上天的譴責而有所改革（說詳二章五節：〈陰陽五行說影響下的經說〉）。這是政治層面鼓勵經生採用陰陽五行說來說經。因此陰陽五行說充斥於漢儒經說之中，是思想界和政治界，朝野上下共同推廣的結果，這個責任，很難推給某一個人。〔註45〕

　　兩漢經說中部分離奇荒誕的說法，源自於讖緯。讖緯的盛行，在哀、平以後。王莽由當權而篡位，喜歡模擬周公故事，造託祥瑞，其中便利用到讖緯。《漢書·翟義傳》載王莽〈大誥〉，其中一段說：

> 太皇太后臨政，有龜龍麟鳳之應，五德嘉符，相因而備。河圖雒書，遠自昆侖，出於重壄。古讖著言，肆今享實。〔註46〕

這種作風，影響很大。在政治上便是符應策略，藉此證明某人該當受命，為

〔註41〕《漢書》，卷56，頁2507。

〔註42〕《漢書》，卷8，頁245。

〔註43〕《漢書》，卷10，頁326。

〔註44〕《後漢書》（北京：中華書局，1982年），卷27，頁948；卷61，頁2023、2025、2027、2029。

〔註45〕梁啟超在〈陰陽五行說之來歷〉中說：「其始蓋起於燕齊方士，而其建設之，傳播之，宜負罪責者三人焉：曰鄒衍，曰董仲舒，曰劉向。」見《古史辨》第5冊（臺北：明倫出版社，1970年，影印樸社初版本），頁353。對於董仲舒和劉向，個人持比較保留的看法。

〔註46〕《漢書》，卷84，頁3432。

天下之主。如公孫述根據的是〈錄運法〉、〈括地象〉、〈援神契〉。光武根據的是〈赤伏符〉。〔註47〕

　　光武既憑〈赤伏符〉受命，深信讖緯，中元元年（56年），遂宣布圖讖於天下。光武既深信讖緯，少數不讀讖的學者，自不爲其所喜。例如《後漢書‧鄭興列傳》載：

　　　　（光武）帝嘗問興郊祀事，曰：「吾欲以讖斷之，何如？」興對曰：「臣不爲讖。」帝怒曰：「卿之不爲讖，非之邪？」興惶恐曰：「臣於書有所未學，而無所非也。」帝意乃解。〔註48〕

又如〈桓譚列傳〉載：

　　　　（譚上疏斥讖之妄，光武省奏不悅。）其後有詔會議靈臺所處，帝謂譚曰：「吾欲（以）讖決之，何如？」譚默然良久，曰：「臣不讀讖。」帝問其故，譚復極言讖之非經。帝大怒曰：「桓譚非聖無法，將下斬之！」譚叩頭流血，良久乃得解。〔註49〕

因爲這個緣故，他們在仕途上都不得意。

　　讖緯既爲帝王所提倡，今文經師由於職業的關係而研習，是理所當然的事。即便是提倡古學的賈逵、馬融，處在這種風氣之中，也莫不明習讖緯。《後漢書‧賈逵列傳》載，章帝使賈逵指出《左傳》大義長於《公羊》、《穀梁》二傳之處，逵具條奏之，其中便說道：

　　　　光武皇帝奮獨見之明，興立《左氏》、《穀梁》，會二家先師不曉圖讖，故令中道而廢。……五經家皆無以證圖讖，明劉氏爲堯後者，而《左氏》獨有明文。五經家皆言顓頊代黃帝，而堯不得爲火德。《左氏》以爲少昊代黃帝，即圖讖所謂帝宣也。如令堯不得爲火，則漢不得爲赤。其所發明，補益實多。〔註50〕

〈鄭玄列傳〉載：

　　　　（馬）融集諸生考論圖緯，聞玄善筭，乃召見於樓上，玄因從質諸疑義，問畢辭歸。〔註51〕

是賈逵、馬融均明習讖緯。提倡古學者尚且如此，其他的人更不必說了。

〔註47〕見《後漢書‧公孫述列傳》，卷13，頁538。〈光武帝紀〉，卷1上，頁21。
〔註48〕《後漢書》，卷36，頁1223。
〔註49〕《後漢書》，卷28上，頁961。
〔註50〕《後漢書》，卷36，頁1237。
〔註51〕《後漢書》，卷35，頁1207。

　　除了研習之外，東漢的帝王和學者還進一步拿讖緯來定五經異說。《後漢書・樊儵列傳》說：

　　　　永平元年，拜長水校尉，與公卿雜定郊祀禮儀，以讖記正五經異說。

　　〔註52〕

《東觀漢記・顯宗孝明皇帝》說：

　　　　帝尤垂意經學，刪定擬議，稽合圖讖。〔註53〕

又〈樊準列傳〉說：

　　　　孝明皇帝尤垂情古典，游意經藝，刪定乖疑，稽合圖讖。〔註54〕

又〈沛獻王輔列傳〉說：

　　　　王性好經書，論集經傳圖讖，作《五經通論》。〔註55〕

以上都是以讖緯來證合經義的記載。《白虎通》一書，是章帝大會諸儒於白虎觀，講論五經同異，班固事後所整理的記錄，是今文經說的總匯，其中便有許多拿讖書證合經義的例子。

　　所以讖緯的盛行，和政治層面的提倡有不可分離的關係，經說中攙有讖緯的成分，主要原因便在於君主的提倡，無怪乎范曄說：「鄭、賈之學，行乎數百年中，遂為諸儒宗，亦徒有以焉爾。桓譚以不善讖流亡，鄭興以遜辭僅免，賈逵能附會文致，最差顯貴。世主以此論學，悲矣哉！」〔註56〕

　　經書神聖化，正名主義下的經說，諫書思想下的經說，增字解經及經義的推衍，以漢律古，名實分離，也都是兩漢經說的特色，因為問題比較單純，統在二、三章各節一併說明。

〔註52〕《後漢書》，卷32，頁1122。
〔註53〕《東觀漢記》（臺北：臺灣中華書局，1967年），卷2，頁2上。
〔註54〕同前注，卷11，頁3上。
〔註55〕同前注，卷7，頁3下。
〔註56〕《後漢書・賈逵列傳論》，卷36，頁1241。

第二章　兩漢《尙書》學的特色（一）

第一節　引言

　　兩漢《尙書》學的特色，不在於零星的字和詞的解釋，而在於整段逐句的文義解說，以及由此而作的推衍。以下除第二、三節牽涉到字、詞的解釋外；共餘各節，都在討論漢儒在經義的解說及推衍方面的特點。

　　《漢書・儒林傳》載：

　　　（倪寬）初見武帝，語經學，上曰：「吾始以《尙書》爲樸學，弗好。

　　及聞寬說可觀，乃從寬問一篇。」〔註1〕

以現代的眼光來看，武帝「始以《尙書》爲樸學」是正確的。《尙書》是一部史書，其中屬於西周的各篇，幾乎都是誥命一類的公文，大概原是周王朝和諸侯國的檔案。其餘各篇，則是後代人所記述的古史。〔註2〕《尙書》的本質，原是如此樸質。武帝聽倪寬的解說以後，以爲「可觀」，顯示了漢儒說經在某一方面的成功（例如影響政治），顯示了漢儒經說內含的豐富，也暗示了漢儒經說與經文原義的分離。

　　漢儒解釋《尙書》，其特色既在於文義的解說及推衍方面，因爲具有這種特點，於是經說不能不繁。《漢書・夏侯勝傳》說：

　　　從父子建，字長卿，自師事勝及歐陽高，左右采獲，又從五經諸儒

〔註1〕　《漢書》，卷88，頁3603。
〔註2〕　《尙書》各篇的著成時代，可參閱屈師翼鵬所著《尙書集釋》、《書傭論學集》，及近人有關此一問題的論著。

問與《尚書》相出入者，牽引以次章句，具文飾說。勝非之曰：「建所謂章句小儒，破碎大道。」建亦非勝爲學疏略，難以應敵，建卒自顓門名經。〔註3〕

夏侯建授張山拊，張山拊授秦恭（延君），《漢書‧儒林傳》說「恭增師法至百萬言」，王先謙《漢書補注》引沈欽韓說：

《御覽》學部桓譚《新論》曰：「秦延君說『曰若稽古』至二萬言。」

《文心雕龍‧論說篇》：「秦延君注〈堯典〉十餘萬字。」〔註4〕

從上述記載中，可以看出《尚書》經說向繁瑣方面發展的趨勢。物極則反，就有一部分人對今文家的經說表示不滿，《漢書‧藝文志》本於劉歆的《七略》，可以代表反對者的批評：

古之學者耕且養，三年而通一藝，存其大體，玩經文而已，是故用日少而畜德多，三十而五經立也。後世經傳既已乖離，博學者又不思多聞闕疑之義，而務碎義逃難，便辭巧說，破壞形體，說五字之文，至於二三萬言。後進彌以馳逐，故幼童而守一藝，白首而後能言。安其所習，毀所不見，終以自蔽，此學者之大患也。〔註5〕

從外表上看，兩漢《尚書》學的特色是繁瑣，分析其內含，可以發現漢儒在經說中增加了很多與經義不相干的事物。這些附加上去的經說，是兩漢《尚書》學特色所在。有了它，才可能「說五字之文，至於二三萬言。」才可能使得「幼童而守一藝，白首而後能言。」也才可能使人覺得「可觀」，從而發揮其「通經致用」的功能。

黃宗羲在《明儒學案‧凡例》中說：「天下之義理無窮，苟非定以一二字，如何約之使其在我？」〔註6〕實在是治學的至理名言。本著這個原則，本書嘗試從幾種不同的角度出發，將兩漢《尚書》說原始而雜亂的資料，整理出條理來。看看兩漢《尚書》說到底包含了些什麼？漢儒在解說《尚書》時，他們所遵循的是什麼學說？漢儒的解說與後人不同，原因何在？……以下各節，便是企圖回答這些疑問，從而說明兩漢《尚書》學的特色及其原因。舉例證時，則力求簡明，以免「以水濟水」之譏。

〔註3〕 《漢書》，卷75，頁3159。

〔註4〕 王先謙，《漢書補注》（臺北：藝文印書館影印光緒庚子〔1900年〕長沙王氏校刊本），卷88，頁13下。

〔註5〕 《漢書》，卷30，頁1723。

〔註6〕 《明儒學案》（臺北：河洛圖書出版社，1974年），頁1。

第二節　《尚書》神聖化

漢代經書地位的尊崇，和孔子地位的崇高化有密切關係。《史記‧孔子世家贊》說：

> 《詩》有之：「高山仰止，景行行止。」雖不能至，然心鄉往之。余讀孔氏書，想見其爲人。適魯，觀仲尼廟堂車服禮器，諸生以時習禮其家。余祇迴留之，不能去云。天下君王至于賢人眾矣，當時則榮，沒則已焉。孔子布衣，傳十餘世，學者宗之。自天子王侯，中國言《六藝》者折中於夫子，可謂至聖矣！〔註7〕

司馬遷在武帝時，以史學家的眼光看孔子，所以推崇的還極爲中肯。到了東漢，尊孔的氣息更濃，連在《論衡》中經常批評「儒者」的王充，〔註8〕也說孔子爲漢制作。《論衡‧程材篇》說：

> 夫五經亦漢家之所立，儒生善政大義，皆出其中。董仲舒表《春秋》之義，稽合於律，無乖異者。然則《春秋》漢之經，孔子制作，垂遺於漢。〔註9〕

〈韓勑碑〉說：「孔子近聖，爲漢定道。」〈史晨碑〉說：「西狩獲麟，爲漢制作。」〔註10〕緯書中，更把孔子爲漢制作的事加以神怪化。〔註11〕

漢人既相信孔子爲漢制作，同時又認爲孔子曾經刪訂《詩》、《書》，加以從武帝起，儒家居於獨尊的地位，一般人自然日漸重視經書。經師看重自己的專業，自更不在話下。既然孔子已成聖人，經書已然尊崇，那麼經說的神聖化自然是一件順理成章的事了。

〔註7〕　《史記》，卷47，頁1947。

〔註8〕　舉其著者，《論衡》有〈問孔〉、〈刺孟〉二篇。

〔註9〕　《論衡校釋》，卷12，頁544。

〔註10〕洪适編，《隸釋》（北京：中華書局，1985年，影印洪氏晦木齋刻本），卷1，頁18上、25下。

〔註11〕如《公羊傳》哀公十四年：「君子曷爲《春秋》？撥亂世，反諸正，莫近諸《春秋》」何休解詁引〈春秋緯‧演孔圖〉說：

> 得麟之后，天下血書魯端門，曰：「趨作法，孔聖沒，周姬亡。彗東出，秦政起，胡破術，書記散，孔不絕。」子夏明日往視之，血書飛爲赤鳥，化爲白書，署曰〈演孔圖〉，中有作圖制法之狀。孔子仰推天命，俯察時變，却觀未來，豫解無窮，知漢當繼大亂之后，故作撥亂之法以授之。

見《春秋公羊注疏》（臺北：藝文印書館，1976年，影印嘉慶二十年〔1815年〕，江西南昌府學刊本），卷28，頁14上。

　　關於《尚書》經說的神聖化，可以分兩方面來瞭解。其一是經師們不相信經義會很淺顯，因此在理解經文時，常往玄奧處去詮釋。例如〈堯典〉載堯使舜：「納于大麓，烈風雷雨弗迷。」〔註12〕《史記‧五帝本紀》說：

　　堯使舜入山林川澤，暴風雷雨，舜行不迷。

　　舜入于大麓，烈風雷雨不迷。〔註13〕

《尚書大傳》說：

　　堯推尊舜，屬諸侯，致天下於大麓之野。〔註14〕

鄭玄注：

　　山足曰麓，麓者，錄也。古者天子命大事、命諸侯，則爲壇國之外。

　　堯聚諸侯，命舜陟位居攝，致天下之事，使大錄之。〔註15〕

司馬遷所根據的《尚書》是歐陽本，所述的經義是今文家的說法。〔註16〕鄭玄以麓爲山足，承馬融古文說，〔註17〕所以伏生及歐陽說以麓爲山麓，馬融、鄭玄古文說以麓爲山足，二說相同。鄭玄又說：「麓者，錄也。」則受大、小夏侯說影響，說詳下文。

　　《論衡‧吉驗篇》：「堯聞徵用，試之於職，官治職脩，事無廢亂。使入大麓之野，虎狼不搏，蝮蛇不噬，逢烈風疾雨，行不迷惑。」〈感類篇〉：「舜入大麓，烈風雷雨。」〈亂龍篇〉：「舜以聖德，入大麓之野，虎狼不犯，蟲蛇不害。」〔註18〕《淮南子‧泰族篇》：「既入大麓，烈風雷雨而不迷。」高誘注：「林屬於山曰麓。堯使舜入林麓之中，遭大風雨不迷也。」〔註19〕《鹽鐵論‧除狹篇》：「賢者處大林，遭風雷而不迷。」〔註20〕以上諸書引用經義，也都以麓爲山麓。

　　一部分博士不相信經義如此簡樸，大、小夏侯說以大麓爲大錄，以爲大

〔註12〕《尚書注疏》，卷3，頁2下。
〔註13〕《史記》，卷1，頁22、38。
〔註14〕陳壽祺，《尚書大傳輯校》（臺北：藝文印書館，1965年，影印《皇清經解續編》本），卷1，頁8下。
〔註15〕同前注。
〔註16〕說詳陳喬樅，《今文尚書經說考》（臺北：藝文印書館，1965年，影印《皇清經解續編》本），卷1上，頁10下、59下～60上。
〔註17〕《經典釋文》，卷3，頁4下：「馬、鄭云：『山足也。』」
〔註18〕《論衡校釋》，卷2，頁79；卷18，頁790；卷16，頁695。
〔註19〕《淮南鴻烈集解》，卷20，頁672。
〔註20〕王利器，《鹽鐵論校注》（北京：中華書局，1992年），卷6，頁410。

麓是居三公之位。前引鄭注「麓者，錄也」以下，即本此說，鄭玄的說法，依違於二說之間。《漢書‧于定國傳》載元帝報書：

> 君相朕躬，不敢怠息，萬方之事，大錄于君。〔註21〕

當時于定國正為丞相。〈王莽傳〉張竦引《書》：

> 「納于大麓，列風雷雨不迷。」公之謂矣。〔註22〕

王莽〈改鑄錢書〉：

> 予前在大麓，至于攝假。〔註23〕

桓譚《新論》：

> 昔堯試舜於大麓者，領錄天下事，如今之尚書官矣。〔註24〕

《論衡‧正說篇》引說《尚書》者的說法：

> 又曰：「四門穆穆，入于大麓，烈風雷雨不迷。」言大麓，三公之位
> 也。居一公之位，大總錄二公之事，眾多並吉，若疾風大雨。〔註25〕

以上各家引經，都以大麓為大錄，他們的說怯，均本於大、小夏侯。〔註26〕

　　魏〈受禪表〉：「義莫顯於禪德，美莫盛於受終，故《書》陳納于大麓，《傳》稱歷數在躬。」「順皇天之命，練吉日，□□□□唐典之明憲，遵大麓之遺訓，遂於繁昌築靈壇，……皇帝乃受天子之籍。」〔註27〕以大麓為受禪，更是沿鄭注而發展的。

　　另一個明顯的例子是「鳴鳥」的解釋。〈君奭〉說：「我則鳴鳥不聞，矧曰其有能格？」〔註28〕這二句是周公自謙他年老糊塗，連鳥叫都聽不清，又如何能感動天神降臨？〔註29〕可是經師們不相信經義會如此簡樸，因此馬融、鄭玄都把鳴鳥解作鳳凰。他們的解釋，可能本於《國語‧周語上》：「周

〔註21〕《漢書》，卷71，頁3045。
〔註22〕《漢書》，卷99上，頁4059。
〔註23〕《漢書‧王莽傳》，卷99中，頁4109。
〔註24〕朱謙之校輯，《新輯本桓譚新論》（北京：中華書局，2009年），卷3，頁8。
〔註25〕《論衡校釋》，卷28，頁1140。
〔註26〕陳喬樅云，山麓為歐陽說，大錄為大、小夏侯說。見《今文尚書經說考》，卷1上，頁63下～64下。參看皮錫瑞《今文尚書考證》（北京：中華書局，1989年），頁41～43。
〔註27〕《隸釋》，卷19，頁8上～8下、10上～10下。
〔註28〕《尚書注疏》，卷16，頁25上。
〔註29〕屈鵬師《尚書釋義》解釋這兩句話說：「二句意謂：如上所言，己則將致昏憒；以致並鳴鳥亦不能聞，況曰能感動天神使降臨乎？」

之興也，鸑鷟鳴於岐山。」〔註30〕鸑鷟是鳳凰的別名。今文博士的說怯，已經亡佚，無從考察。

《三國志·魏書·三少帝紀》記載高貴鄉公曹髦臨幸太學，親問諸儒，其中一段是關於〈堯典〉「稽古」一詞的異說：

> 帝問曰：「鄭玄曰：『稽古同天，言堯同於天也。』王肅云：『堯順考古道而行之。』二義不同，何者爲是？」博士庾峻對曰：「先儒所執，各有乖異，臣不足以定之。然〈洪範〉稱『三人占，從二人之言。』賈、馬及肅皆以爲『順考古道』，以〈洪範〉言之，肅義爲長。」帝曰：「仲尼言：『唯天爲大，唯堯則之。』堯之大美，在乎則天，順考古道，非其至也。今開篇發義，以明聖德，而舍其大，更稱其細，豈作者之意邪？」峻對曰：「臣奉遵師說，未喻大義，至于折中，裁之聖思。」〔註31〕

從這段記載中，可以看出《尚書》神聖化的成果。曹髦說：「今開篇發義，以明聖德。」可以看作《尚書》神聖化的宣言。在此前提下，自然顧不了「實事求是」。或有意表明聖德，或不自覺以爲經書的話不可能如此平易，都是導致經說神聖化的原因。順著這種趨勢發展下去，必然會產生一些怪異的經說，例如緯書以「尚書」爲天書便是一個顯著的例子（見第四節）。

《尚書》經說神聖化的另一面，是以爲經書中的每一個字都有一番大道理。例如〈堯典〉說：「宅西，曰昧谷。」〔註32〕《尚書大傳》昧谷作柳穀，〈虞夏傳〉說：

> 秋祀柳穀華山。〔註33〕

鄭玄注：

> 八月西巡守，祭柳穀之氣於華山也。柳，聚也。齊人語。〔註34〕

《周禮·天官·縫人》「衣翣柳之材」，鄭玄注：

> 柳之言聚，諸飾之所聚。《書》曰：「分命和仲，度西，曰柳穀。」
> 〔註35〕

〔註30〕《國語》韋昭注（臺北：九思出版有限公司，1978年），卷1，頁30。
〔註31〕《三國志》（臺北：鼎文書局，1980年），卷4，頁136～137。
〔註32〕《尚書注疏》，卷2，頁10上。
〔註33〕《尚書大傳輯校》，卷1，頁10下。
〔註34〕同前注。
〔註35〕《周禮注疏》（臺北：藝文印書館，1976年，影印嘉慶二十年〔1815年〕，江

實際上，「昧谷」或「柳穀」都只是日入處的地名，根本不必煩言索解。

　　另一個例子見於〈洪範〉：「潤下作鹹，炎上作苦，曲直作酸，從革作辛，稼穡作甘。」〔註36〕以上原來只是客觀敘述水、火、木、金、土（土出穀物）五種物質的性質，本來沒有什麼深義可說，可是漢儒偏要替它說出一番道理來。《白虎通》對這五種物質何以會有這些性質，都有它的解說，以下摘錄前二則。〈五行篇〉說：

> 水味所以鹹何？是其性也。所以北方鹹者，萬物鹹與所以堅之也，猶五味得鹹乃堅也。木味所以酸何？東方萬物之生也。酸者以達生也，猶五味得酸乃達也。……《尚書》曰：（引經從略）〔註37〕

　　他們之所以要這樣解說，顯然是以為經文的每一個字都有它的一番道理。這種經說和聲訓一結合，就形成正名主義下的經說。

第三節　正名主義下的經說

　　春秋時代的人，已經習慣用聲訓來推求語源，起先並沒有明顯的理論，只用本字或音同音近的字來解釋某一名稱命名的由來。像《論語》所說「政者，正也。」就是個明顯的例子。孔子從語源上說明政語來自於正，接著他就依據這語源宣揚他的政治理想：「子帥以正，孰敢不正？」〔註38〕

　　聲訓盛行的背景，當與儒家的正名主義有關。《論語・子路篇》說：

> 子路曰：「衛君待子而為政，子將奚先？」子曰：「必也正名乎！」

〔註39〕

龍師宇純解釋說：

> 孔子所謂正名，只是要確定名稱和確定名與實之間的絕對關係。換句話說，就是主張維繫舊日社會的名分。他在對齊景公問政所說：「君君、臣臣、父父、子子。」即是其正名思想的具體說明。〔註40〕

　　　　西南昌府學刊本），卷8，頁13下～14上。

〔註36〕《尚書注疏》，卷12，頁6上。

〔註37〕陳立，《白虎通疏證》（北京：中華書局，1997年），卷4，頁170～172。

〔註38〕《論語注疏・顏淵篇》（臺北：藝文印書館，1976年，影印嘉慶二十年〔1815年〕江西南昌府學刊本），卷12，頁8上。

〔註39〕《論語注疏》，卷13，頁1下。

〔註40〕〈《荀子・正名篇》重要語言理論關係闡述〉，《臺大文史哲學報》第18期（1969年5月），頁446。

　　儒家認為名稱與事物本身有著必然的關係，從而認為事物的名稱，決定於事物的本身，任何名稱都有道理可講。董仲舒在《春秋繁露・深察名號篇》中說：「名號之正，取之天地。」「名則聖人所發天意，不可不深觀也。」〔註41〕為聲訓提供了明顯的理論依據。

　　春秋戰國之際，儒家的書籍裏已經常使用聲訓之法，如《論語・顏淵篇》的「政者，正也。」〈八佾篇〉的「周人以栗，曰使民戰栗。」〔註42〕《禮記・中庸》的「仁者，人也。」〔註43〕到了漢代，這種方式使用得更為頻繁。到漢末劉熙著《釋名》一書，集聲訓的大成，他在序上說明撰寫的理由是：「夫名之於實，各有義類，百姓日稱而不知其所以然之意。」〔註44〕儼然把名稱與事物的關係視為必然。

　　聲訓的盛行既與正名主義有關，漢儒利用聲訓的方式解經，可以稱之為正名主義下的經說。聲訓所講求的是「為什麼」，從語源上來探求，甲為什麼是甲，由於乙之故，所以是甲。如「政者，正也。」政之所以為政，是由於正。正名主義下的經說，便從這個語源（乙）上發揮。這種方式，《荀子》中有很好的例子，〈王制篇〉說：

> 君者，善羣也。羣道當則萬物皆得其宜，六畜皆得其長，羣生皆得其命。〔註45〕

〈君道篇〉說：

> 君者何也？曰能羣也。能羣也者何也？曰善生養人者也，善班治人者也，善顯設人者也，善藩飾人者也。〔註46〕

「君者善羣也」，「君者何也？曰能羣也。」是聲訓，是說君是由羣孳生而來，其他的話是從「羣」語發揮，以要求國君做到能羣等等，不然便不成其為君。

　　正名主義下的經說，是漢代經說顯著的特徵之一。這一類經說，漢儒在

〔註41〕《春秋繁露義證》（臺北：河洛圖書出版社，1974 年，影印宣統庚戌〔1910〕刊本），卷 10，頁 1 下、2 上。

〔註42〕《論語注疏》，卷 12，頁 8 上；卷 3，頁 12 上。

〔註43〕《禮記注疏》（臺北：藝文印書館，1976 年，影印嘉慶二十年〔1815 年〕江西南昌府學刊本），卷 52，頁 18 下。

〔註44〕《釋名・序》（臺北：臺灣商務印書館，1979 年，《四部叢刊》影印（明）嘉靖翻宋本）。

〔註45〕梁啓雄，《荀子簡釋》（北京：中華書局，2009 年），頁 110。

〔註46〕同前注，頁 164～165。

解釋《尚書》時經常使用。如《尚書大傳》於〈堯典〉「平秩東作」，「平秩南訛」等之東南西北，及春夏秋冬皆加以解說（〈堯典〉本文，已隱然以東南西北配春夏秋冬四季）。以下摘錄二則：

> 東方者何也？動方也，物之動也。何以謂之春？春，出也，故謂東方春也。

> 南方者何也？任方也，任方者，物之方任。何以謂之夏？夏者，假也，吁荼萬物，養之外者也，故曰南方夏也。〔註47〕

什麼是東，什麼是春，誰都知道，不必再用義訓，遂用聲訓的方式探求東、春等語從何而來，並就此加以發揮。

從語源著手，發揮一番大道理，這類正名主義下的經說在《白虎通》一書隨處可見。〈堯典〉「輯五瑞」，《白虎通》以為五瑞是圭、璧、琮、璜、璋。除了推求語源外，並從語源來發揮一番道理。〈瑞贄篇〉說：

> 王者始立，諸侯皆見何？當受法稟正教也。《尚書》「輯五瑞」，「覲四岳」，謂舜始即位，見四方諸侯，合符信。……何謂五瑞？謂珪、璧、琮、璜、璋也。……珪之為言圭也，……璧之為言積也，……璜所以徵召何？……璜者，橫也，質尊之命也，陽氣橫于黃泉，故曰璜。璜之為言光也，陽光所及，莫不動也。象君之威命所加，莫敢不從，陽之所施，無不節也。……琮以起土功發眾何？琮之為言宗也，象萬物之宗聚也，功之所成，故以起土功發眾也。……〔註48〕

「珪之為言圭也」，「璧之為言積也」，「璜者，橫。」「璜之為言光也」，「琮之為言宗也」是聲訓，從橫、光等語發揮一番道理，這便是正名主義下的經說特點所在。

正名主義下的經說，既是先推求語源，再從語源來發揮道理，所以經說是否接近經文原義，決定於語源推測的正確與否，這一來問題便轉到聲訓之法身上。聲訓的使用，有其客觀上的限制，不能隨意濫用。宇純師說：

> 蓋語言自其產生情況而言，可分為原始語與孳生語二類。孳生語自是有所受之，可藉聲訓法求其孳乳所由；原始語則出於任意約定，前無所承，荀子所謂「名無固宜」是也。〔註49〕

〔註47〕 《尚書大傳輯校》，卷1，頁2上。

〔註48〕 《白虎通疏證》，卷8，頁348～353。

〔註49〕 〈論聲訓〉，《清華學報》新9卷1、2期合刊（1971年9月），頁92。

所以聲訓的對象只能限於孳生語。說「仁者，人也。」是可以的，說「人，仁也。」〔註 50〕則不可。因爲仁是人的孳生語，人則是任意約定的原始語，假使當初稱之爲犬馬，便是犬馬。就孳生語來說，因爲中國語言的產生，有它漫長的歷史，所以對語源的探究也有困難。宇純師說：

> 我國之有語言，不知其幾千年。其原始語固不可求其孳乳所自，即後之孳生語，其蔓衍遷改之迹，至於先秦漢魏，亦未必盡爲人所曉。故古人所爲聲訓類無可取。〔註 51〕

以上所述，是聲訓在推究語源方面，有其限制及困難之處。〔註 52〕

由於聲訓有上述的限制及困難，所以正名主義下的經說多半不是經文的原義。對於語源的推測，姑且不論它是否爲原始語，從各家推測結果不一，及一家並取幾種語源來看，可見其中大部分都是臆測。例如「君」字，前引《荀子・王制篇》說「善羣也」，〈君道篇〉說「能羣也」，而《春秋繁露・深察名號篇》則說：

> 君者元也，君者原也，君者權也，君者溫也，君者羣也。〔註 53〕

《說文》則以爲：

> 君，尊也。〔註 54〕

三家推測（羣。元、原、權、溫、羣。尊。），互不相同。又如〈堯典〉：「八月西巡狩，至于西岳，如初。」〔註 55〕《白虎通・巡狩篇》說：

> 西方爲華山者何？華之爲言穫也，言萬物成熟，可得穫也。〔註 56〕

《風俗通・山澤篇》說：

> 西方崋山，崋者華也。萬物滋熟變華於西方也。〔註 57〕

一個以爲穫，另一個以爲華。僅就一人一書來說，也常並取好幾種推測。如

〔註 50〕《釋名・釋形體》，卷 2，頁 12 下。

〔註 51〕同注 49，頁 93。

〔註 52〕關於聲訓的進一步探討，可參看王力，《中國語言學史》，一章五節：〈聲訓〉。及宇純師〈論聲訓〉。

〔註 53〕《春秋繁露義證》，卷 10，頁 5 上。

〔註 54〕段玉裁，《說文解字注》（臺北：藝文印書館，1966 年，影印經韻樓本），卷 3，頁 18 上。

〔註 55〕《尚書注疏》，卷 3，頁 9 下。

〔註 56〕《白虎通疏證》，卷 6，頁 299。

〔註 57〕王利器，《風俗通義校注》（臺北：明文書局，1982 年），頁 447。

前引《春秋繁露》之解釋「君」語。〔註58〕《春秋繁露‧深察名號篇》又說：

> 深察王號之大意，其中有五科：皇科、方科、匡科、黃科、往科。
> 合此五科以一言謂之王，王者皇也，王者方也，王者匡也，王者黃
> 也，王者往也。是故王意不普大而皇，則道不能正直而方；道不能
> 正直而方，則德不能匡運周徧；德不能匡運周徧，則美不能黃；美
> 不能黃，則四方不能往；四方不能往，則不全於王。〔註59〕

推測王的語源為：皇、方、匡、黃、往。像這一類不同的推測，頂多只有一
個是正確的。各家相異，還可以解釋為彼此所見不同。一人並取幾種推測，
顯然可見作者重在就語源上發揮自己的意見，語源的推測是否正確，反而不
是他所重視的。這類經說與經文原義有差距，甚至不相干，也就不言可喻了。

在多數不可信的說法中，自然也有少數是正確而可信的。如前引「仁者，
人也。」「政者，正也。」但採擇之時，須先經過一番鑑別的工夫。〔註60〕

正名主義下的經說雖然多半不足取，但是一來從孔子之時，聲訓就已有
宣傳其理想的功用，二來名稱與事物有必然關係的觀念，已被漢代人視為當
然。於是在流行聲訓及通經致用的時代，正名主義下的經說遂充斥於各種經
說之中。在這種空氣中，自然也有人看出經說和經義分離的毛病，王充在《論
衡‧正說篇》中，就對《尚書》家解釋唐、虞、夏、商、周的方式提出批評，
認為「其立義美也，其褒五家大矣。然而違其正實，失其初意。」〔註61〕所
以後來這種方法也就被人逐漸揚棄了。

第四節　讖緯影響下的經說

讖緯是個總稱，分開來則有讖、緯、圖、候、符、書、錄的區別。前人
多據名稱的差別，以為它們的性質也不相同，因而加以分類。〔註62〕其實名

〔註58〕《白虎通》的「璜者，橫也。」「璜之為言光也」，可能取自不同經師的說法，
　　　　故不取以為例證。
〔註59〕《春秋繁露義證》，卷10，頁4上～4下。
〔註60〕參看〈論聲訓〉，頁94。對經說中的聲訓資料作一全面的整理，還有待於學者
　　　　的努力。
〔註61〕《論衡校釋》，卷28，頁1139。
〔註62〕陳槃在〈讖緯命名及其相關之諸問題〉（增訂本）一文中說：
　　　　　《隋‧志》與李賢注分讖與緯與河、洛為三。胡應麟云：河、洛當並
　　　　　屬《易》緯，則其分止讖與緯為二。孫瑴與《四庫提要》，雖其分合

稱的差異，只是命名角度的不同而已，性質是一樣的。陳槃說：

> 今按讖、緯、圖、候、符、書、錄，雖稱謂不同，共實止是讖緯，而
> 緯復出于讖。故讖、緯、圖、候、符、書、錄之七名者，其于漢人，
> 通稱互文，不嫌也。蓋從其占驗言之則曰讖，從其附經言之則曰緯，
> 從河圖及諸書之有文有圖言之則曰圖，曰緯，曰錄，從其占候言之則
> 曰候，從其爲瑞應言之則曰符：同實異名，何拘之有？〔註63〕

讖緯的讖，始見於《史記·趙世家》「秦讖」一詞。〔註64〕意同於《後漢書·
張衡列傳》所說：「立言於前，有徵於後，故智者貴焉，謂之讖書。」〔註65〕
緯是對經而稱的，名稱雖叫做緯，其實仍然是讖，不過一事的異名罷了。緯
之一辭，西漢中葉已經出現，〈小黃門譙敏碑〉說：「其先故國師譙贛，深明箕
陳讖錄圖緯，能精微天意，傳道與京君明。」〔註66〕譙贛所處的時代，約當
宣帝、元帝之世。

　　讖緯的產生，與秦漢間的符應說有不可分離的關係，這類符應說的結集，
就是讖緯的基本材料。在這些不同名目的讖緯之中，河圖、洛書之類先出，
是符應中的文字瑞。由河圖、洛書而滋生出《易》、《書》、《詩》、《禮》、《春
秋》等的讖緯。因爲各經讖緯皆出於河圖、洛書，所以它們的內容往往與經
義毫不相干，而呈現龐雜紛亂的情形。造這些讖緯的人，託之於孔子，實際
上的作者是鼓吹符應之說的方士，也就是拿儒學粉飾外表的方士。〔註67〕這
類讖緯的內含，主要傾向是把經書神秘化，把儒家思想宗教化，把孔子說成

取捨有異，至于區別讖、緯爲二則同。唯阮云（按：指阮元）緯之外
有候，有圖，讖最下，是其分有四，即緯、候、圖、讖是也。
　　收入《古讖緯研討及其書錄解題》（上海：上海古籍出版社，2010年），頁149。

〔註63〕 同前注。
〔註64〕 顧炎武《日知錄卷三十·圖讖》，據《史記·趙世家》所載，扁鵲敘述從前秦
穆公昏迷七日，醒來述上帝之言，公孫支書而藏之，秦讖於是乎出。以爲「讖
記之興，實始於秦人而盛於西京之末也。」陳槃以爲「實始於秦人」語意不
明，如謂始於秦穆公之世，則誤。因〈趙世家〉此處預言秦、趙後事皆驗，
明出後人附會。因而主張「讖之一名，始皇世亦可能已有之。以始皇早年即
已有豫言之綠圖即河圖出現（槃按：指《呂氏春秋·觀表篇》所說：「綠圖幡
薄，從此生矣。」）。河圖有讖稱。讖之意爲驗，蓋本之於鄒衍書說。以此推之，
讖名之出，固不必甚晚。」見〈論早期讖緯及其與鄒衍書說之關係〉，前引書，
頁105～107。
〔註65〕 《後漢書》，卷59，頁1912。
〔註66〕 《隸釋》，卷11，頁6下。
〔註67〕 本段曾參考陳槃〈秦漢間之所謂「符應」論略〉，前引書，頁1～96。

是個教主。〔註68〕

因爲各經讖緯都以河圖、洛書爲典要，而河圖、洛書是一種瑞應，所以各經讖緯中只有小部分材料是完全屬於經義經訓，大部分卻是荒誕的神話。這些材料和陰陽五行說，構成爲兩漢《尚書》學中怪誕說法的重要成分。

「尚書」一詞，《僞孔序正義》引鄭玄注：

> 尚者上也，尊而重之，若天書然，故曰尚書。〔註69〕

以「尚書」爲「天書」，這個說法，本於〈尚書璇璣鈐〉。《正義》批評說：

> 鄭玄依《書》緯，以尚字是孔子所加，故《書贊》曰：孔子乃尊而命之，曰《尚書》。〈璇璣鈐〉云：因而謂之《書》，加尚以尊之。又曰：《書》務以天言之。鄭玄溺於《書》緯之說，何有人言而須繫之於天乎？〔註70〕

這說法誠屬荒唐，而其心理背景，則和本章二節所說「《尚書》神聖化」相同，故「尊而重之」，以《尚書》爲天書。〈堯典〉起句說：「曰若稽古帝堯」，《尚書正義》說：

> 鄭玄信緯，訓稽爲同，訓古爲天。言能順天而行之，與之同功。〔註71〕

姑不論其陳義之無當，即在訓詁上也說不通，所以《正義》說：「古之爲天，經無此訓。」

〈君奭〉說：「我聞在昔，成湯既受命，時則有若伊尹，格于皇天。……在太戊，時則有若伊陟、臣扈，格于上帝。」〔註72〕鄭玄注：

> 皇天，北極大帝也。

> 上帝，太微中其所統也。〔註73〕

《禮記·月令》「祈穀于上帝」，鄭玄注：

> 上帝，大微之帝也。〔註74〕

〔註68〕 參看周予同，〈緯書與經今古文學〉、〈緯讖中的孔聖與他的門徒〉，收入朱維錚編，《周予同經學論著選集》（增訂本）（上海：上海人民出版社，1996年），頁40～69、292～321。

〔註69〕 《尚書注疏》，卷1，頁12上。

〔註70〕 同前注。

〔註71〕 《尚書注疏》，卷2，頁7上。

〔註72〕 《尚書注疏》，卷16，頁20上。

〔註73〕 鄭注見《史記集解》及《詩·蕩疏》，此據孫星衍《尚書今古文注疏》（北京：中華書局，1986年）引錄，卷22，頁449。

〔註74〕 《禮記注疏》，卷14，頁20上。

這說法也是本於緯書，《正義》說（括號注文為筆者所加）：

> 上帝，大微之帝者，《春秋緯》文：紫微宮為大帝，大微為天庭，中有五帝座，是即靈威仰（蒼、春）、赤熛怒（赤、夏）、白招拒（白、秋）、汁光紀（黑、冬）、含樞紐（黃、季夏）。祈穀郊天之時，各祭所感之帝，殷人則祭汁光紀，周人則祭靈威仰，以其不定，故摠云大微之帝。〔註75〕

在騶衍的五德系統中，採用相勝說，商為金德，火銷金，所以周為火德。王莽等人為了替他們的禪讓事業尋找古史上的依據，利用五行相生說，把商改為水德，水生木，所以改周為木德。水在方位上屬北，在五色上屬黑，所以說殷人祭汁光紀。鄭玄說：「上帝，太微中其所統也。」是依據漢人的觀念，依五行說分上帝為五，五帝之子輪流做人間的帝王。〔註76〕《公羊傳》宣公三年何休注：

> 上帝五帝，在太微之中，迭生子孫，更王天下。〔註77〕

這些解說，在現代人看來固然是多餘的。但在這些多餘的說法之中，卻正足以見出兩漢經說特殊的地方。

〈禹貢〉的結尾說：「東漸于海，西被于流沙，朔南暨聲教，訖于四海。禹錫玄圭，告厥成功。」〔註78〕漢儒或以為天賜，或以為堯賜，（清）江聲主張漢代主流的說法是天賜，其所著《尚書集注音疏》說：

> 必知玄圭錫自天者，同宗子藩謂余曰：「漢武梁祠堂石刻畫像祥瑞圖云：『玄圭，水泉疏通，四海會同則至。』則玄圭乃治水功成之瑞應，天所以寵錫禹者。」又徐孝廉承慶曰：「《太平御覽》八十二卷皇天部，引〈尚書璇璣鈐〉曰：『禹開龍門，導積石山，玄圭出。刻曰：延喜，王受德，天錫佩。』是則玄圭乃錫自天，非堯錫也。」聲謂據此二文。則《史記》言帝錫禹玄圭，亦謂天帝，不謂堯矣。〔註79〕

曹植〈禹治水贊〉也以為天賜：

〔註75〕 同前注，頁20下。所引緯書是《春秋》緯〈文耀鈎〉。
〔註76〕 詳見顧頡剛〈五德終始說下的政治和歷史〉，收入《古史辨》（臺北：明倫出版社，1970年，影印樸社初版本），第5冊。
〔註77〕 《春秋公羊注疏》，卷15，頁7下。
〔註78〕 《尚書注疏》，卷6，頁33下。
〔註79〕 《尚書集注音疏》（臺北：藝文印書館，1986年，影印《皇清經解》本），卷392，頁48下。

天賜玄圭，奄有萬邦。〔註80〕

王符《潛夫論・五德志》則以爲堯賜：

> （禹）爲堯司空，主平水土，命山川，畫九州，制九貢。功成，賜
> 玄珪，以告勳於天。〔註81〕

《後漢書・何敞列傳》載敞奏記太尉宋由，也以爲堯賜：〔註82〕

> 明君賜賚，宜有品制，忠臣受賞，亦應有度，是以夏禹玄圭，周公
> 束帛。〔註83〕

緯書取天賜之說，把玄圭當作天賜的瑞應，是一種怪異而帶神話性的經說。
部分漢儒另主堯賜之說，足見眾昏之世，也自不乏清醒之士。

即使在讖緯之中，也包含極小部分平實的經說。例如〈堯典〉「在璿璣玉
衡，以齊七政。」〔註84〕馬融注：

> 璿，美玉也。璣，渾天儀，可轉旋，故曰璣。衡，其中橫筒，所以
> 視星宿也。〔註85〕

〈尚書考靈曜〉說：

> 觀玉儀之旋，昏明主時。〔註86〕

〈春秋文耀鈎〉說：

> 唐堯即位，羲和立渾儀。〔註87〕

是馬融之說，本於緯書。〔註88〕又如〈禮含文嘉〉說三綱：

> 君爲臣綱，父爲子綱，夫爲妻綱。〔註89〕

《論語・爲政篇》殷因於夏禮章，何晏《集解》引馬融注：

> 所因謂三綱五常。〔註90〕

即本於《禮》緯。後來朱熹作《論語集注》，就逕用《禮》緯原文。這些都是

〔註80〕 趙幼文，《曹植集校注》（臺北：明文書局，1985 年），頁 259。
〔註81〕 汪繼培，《潛夫論箋》（臺北：漢京文化事業有限公司，1984 年），頁 393。
〔註82〕 陳喬樅《今文尚書經說攷》，皮錫瑞《今文尚書考證》等書均有說。
〔註83〕 《後漢書》，卷 43，頁 1481～1482。
〔註84〕 《尚書注疏》，卷 3，頁 4 下。
〔註85〕 馬注見《書疏》及《史記索隱》，此據《尚書今古文注疏》引錄，卷 1，頁 36。
〔註86〕 《緯書集成》，頁 353。
〔註87〕 同前註，頁 661、662。
〔註88〕 說詳魏源《書古微》（臺北：藝文印書館，1965 年，影印《皇清經解續編》本），
　　　　卷 2，頁 1 上～3 上。江聲，《尚書集注音疏》，卷 390，頁 29 下。
〔註89〕 《白虎通・三綱六紀》，《禮記・樂記疏》引，此據《緯書集成》引錄，頁 499。
〔註90〕 《論語注疏》，卷 2，頁 8 上。

極少數平實說法的例子。〔註91〕

　　從上面所舉的例子當中，可以清楚的看到讖緯把經書神祕化的實際情形。這些說法，雖然大部分都不是經文的原義，但卻是漢代經學的一個顯著特徵。

第五節　陰陽五行說影響下的經說

　　陰陽說和五行說本來是兩種學說，這兩種學說在騶衍手上融合為一。〔註92〕騶衍的學說，匯集於秦。《呂氏春秋》成於呂不韋的門客，其十二紀的內容與《禮記‧月令》、《淮南子‧時則篇》大致相同，其中以陰陽五行說明的事物，不下於二十種，可以窺見秦漢之際陰陽五行說的大概範圍。《呂氏春秋》十二紀，以五行配合的計有十干、五方帝神、五靈、五音十二律、數字、五味、五臭、五祀、五臟、明堂位、五色、禾畜、器皿、時方、政教。

　　司馬遷批評騶衍的著作說：「然要其歸，必止乎仁義節儉，君臣上下六親之施，始也濫耳。王侯大人初見其術，懼然顧化，其後不能行之。」〔註93〕可見其學說不僅有關政教，並且具有令王侯大人「懼然顧化」的力量。十二紀中以五行配合政教，有很多禁忌和警惕的說法。當政者必須依照月令來施行政事，春天是生養萬物的時候，政事也必須配合月令，不可以殺伐，如果不依照月令行事，就會導致災害。〈孟春紀〉說：

> 是月也，天氣下降，地氣上騰，天地和同，草木繁動。王布農事，
> 命田舍東郊，皆修封疆，審端徑術，善相丘陵阪險原隰，土地所宜，
> 五穀所殖，以教道民，必躬親之。田事既飭，先定準直，農乃不惑。
> 是月也，命樂正入學習舞，乃修祭典，命祀山林川澤，犧牲無用牝。
> 禁止伐木，無覆巢，無殺孩蟲，胎夭飛鳥，無麛，無卵，無聚大眾，
> 無置城郭，揜骼霾髊。是月也，不可以稱兵，稱兵必有天殃。兵戎
> 不起，不可以從我始。無變天之道，無絕地之理，無亂人之紀。孟

〔註91〕今人對其中的倫理觀是否贊同，是另一層面的問題。此外，將讖緯中的經說資料作一全面的整理，也有待專著討論，本節僅以《尚書》說為主，擇要評述其得失。

〔註92〕參看李漢三，《先秦兩漢之陰陽五行學說》；王夢鷗，《鄒衍遺說考》（臺北：臺灣商務印書館，1966 年），有詳細的說明。

〔註93〕《史記‧孟子荀卿列傳》，卷74，頁 2344。

春行夏令，則風雨不時，草木早槁，國乃有恐。行秋令，則民大疫，
疾風暴雨數至，藜莠蓬蒿並興。行冬令，則水潦爲敗，霜雪大摯，
首種不入。〔註94〕

漢代人的陰陽五行說，範圍更爲廣泛。陰陽、五行、四時禁忌、天人相
與等，這些說法形成了漢代人的陰陽五行說，也就是本文所指的陰陽五行說。
所謂天人相與，是說國君的一舉一動，都能影響天，因而招致吉祥或災殃。〈洪
範〉中，以爲人君的貌言視聽思，如果都能肅乂哲謀聖，就可以招致休徵，
風調雨順，寒暖合時。反之，則招致咎徵，風雨不調，寒暑失節。這是天人
相與的思想。至於明白的宣言，則見於董仲舒的對策：

臣謹案《春秋》之中，視前世已行之事，以觀天人相與之際，甚可
畏也。國家將有失道之敗，而天乃先出災害以譴告之；不知自省，
又出怪異以警懼之；尚不知變，而傷敗乃至。以此見天心之仁愛人
君，而欲止其亂也。自非大亡道之世者，天盡欲扶持而全安之，事
在彊勉而已矣。彊勉學問，則聞見博而知益明；彊勉行道，則德日
起而大有功，此皆可使還至而有效者也。〔註95〕

漢代人的思想，深受陰陽五行說的支配。拿陰陽五行的學說來解釋經文，
是很自然的一件事。〈洪範〉篇中提到了五行，提到了休徵咎徵，於是〈洪範〉
一篇，竟然成了漢代陰陽五行說的總匯。

〈洪範〉說五行的性質是：「水曰潤下，火曰炎上，木曰曲直，金曰從革，
土爰稼穡。」〔註96〕《漢書・五行志》引《尚書大傳》及歐陽、夏侯等說，
使簡易的經文變得包羅萬象。以下摘錄二則，以明《大傳》及歐陽、夏侯的
說法。

《傳》曰：〔註97〕「田獵不宿，飲食不享，出入不節，奪民農時，
及有姦謀，則木不曲直。」說曰：「木，東方也。於《易》，地上之
木爲〈觀〉。其於王事：威儀容貌，亦可觀者也。故行步有佩玉之度，

〔註94〕　陳奇猷，《呂氏春秋校釋》（上海：學林出版社，1984年），卷1，頁2。

〔註95〕　《漢書・董仲舒傳》，卷56，頁2498～2499。

〔註96〕　《尚書注疏》，卷12，頁5下～6上。

〔註97〕　《漢書補注》引王鳴盛說：「志先引經，是《尚書・洪範》文。次引傳，是伏
　　　　　生《洪範五行傳》文。又次引說，是歐陽、大、小夏侯等說。……」見卷27
　　　　　上，頁2下。王鳴盛原文，見《十七史商榷》（上海：上海書店出版社，2005
　　　　　年），卷13，頁94。差異不大，故錄《補注》所引，以便於覆檢。

登車有和鸞之節，田狩有三驅之制，飲食有享獻之禮。出入有名，使民以時，務在勸農桑，謀在安百姓，如此則木得其性矣。若乃田獵馳騁，不反宮室，飲食沈湎，不顧法度，妄興繇役，以奪民時，作為姦詐，以傷民財，則木失其性矣。蓋工匠之為輪矢者多，傷敗及木，為變怪，是為木不曲直。」〔註98〕

《傳》曰：「棄法律，逐功臣，殺太子，以妾為妻，則火不炎上。」說曰：「火，南方，揚光煇為明者也。其於王者：南面鄉明而治。《書》云：「知人則惁，能官人。」故堯舜舉羣賢而命之朝，遠四佞而放諸壄。孔子曰：「浸潤之譖、膚受之愬不行焉，可謂明矣。」賢佞分別，官人有序，帥由舊章，敬重功勳，殊別適庶，如此則火得其性矣。若乃信道不篤，或燿虛偽，讒夫昌，邪勝正，則火失其性矣。自上而降，及濫炎妄起，災宗廟，燒宮館，雖興師眾，弗能救也，是為火不炎上。」〔註99〕

〈洪範〉只是客觀的敘述五行的性質，漢儒將陰陽五行說加以比附，於是經說的內含大為豐富。董仲舒、劉歆等人便依據這些經說來解釋春秋以來人君失政導致災異的原由。他們的說法，詳載於《漢書・五行志》。

〈洪範〉說：「五事：一曰貌，二曰言，三曰視，四曰聽，五曰思。貌曰恭，言曰從，視曰明，聽曰聰，思曰睿。恭作肅，從作乂，明作哲，聰作謀，睿作聖。」又說：「曰休徵：曰肅，時雨若。曰乂，時暘若。曰哲，時燠若。曰謀，時寒若。曰聖，時風若。曰咎徵：曰狂，恒雨若。曰僭，恒暘若。曰豫，恆燠若。曰急，恒寒若。曰蒙，恒風若。」〔註100〕這是說人君的舉動可以招致吉祥或災異。經文既已有這種提示，漢儒拿來發揮其天人相與的說法，自然方便得很。以下摘錄一則經說為例。《漢書・五行志》載：

《傳》曰：「貌之不恭，是謂不肅。厥咎狂，厥罰恒雨，厥極惡。時則有服妖，時則有龜孽，時則有雞旤，時則有下體生上之痾，時則有青眚青祥，唯金沴水。」說曰：「凡草物之類謂之妖，妖猶夭胎，言尚微。蟲豸之類謂之孽，孽則牙孽矣。及六畜謂之旤，言其著也。及人謂之痾，痾，病貌，言寖深也。甚則異物生，謂之眚。自外來，

〔註98〕 《漢書》，卷27上，頁1318～1319。
〔註99〕 同前注，頁1320。
〔註100〕《尚書注疏》，卷12，頁7下、22上。

謂之祥，祥猶禎也。氣相傷謂之沴，沴猶臨莅，不和意也。每一事云時則以絕之，言非必俱至，或有或亡，或在前，或在後也。」……唯劉歆《傳》獨異：「貌之不恭，是謂不肅。肅，敬也。內曰恭，外曰敬。人君行己體貌不恭，怠慢驕寒，則不能敬萬事，失在狂易，故其咎狂也。上嫚下暴，則陰氣勝，故其罰常雨也。水傷百穀，衣食不足，則姦軌並作，故其極惡也。」一曰：「民多被刑，或形貌醜惡，亦是也。風俗狂慢，變節易度，則爲剽輕奇怪之服，故有服妖。水類動，故有龜孽。於《易》〈巽〉爲雞，雞有冠距，文武之貌。不爲威儀，貌氣毀，故有雞旤。」一曰：「水歲雞多死及爲怪，亦是也。上失威儀，則下有彊臣害君上者，故有下體生於上之痾。木色青，故有青眚青祥。凡貌傷者病木氣，木氣病則金沴之，衝氣相通也。於《易》〈震〉在東方，爲春爲木也；〈兌〉在西方，爲秋爲金也；〈离〉在南方，爲夏爲火也；〈坎〉在北方，爲冬爲水也。春與秋日夜分，寒暑平，是以金木之氣易以相變，故貌傷則致秋陰常雨，言傷則致春陽常旱也。至於冬夏，日夜相反，寒暑殊絕，水火之氣不得相併，故視傷常奧，聽傷常寒者，其氣然也。逆之，其極曰惡；順之，其福曰攸好德。」劉歆《貌傳》曰：「有鱗蟲之孽，羊旤鼻痾。」說以爲於天文東方辰爲龍星，故爲鱗蟲。於《易》〈兌〉爲羊，木爲金所病，故致羊旤，與常雨同應。**此說非是，春與秋氣，陰陽相敵，木病金盛，故能相并，唯此一事耳。旤與妖痾祥眚同類，不得獨異。**
〔註101〕（按：「此說非是」以下，是班固的評論。）

從〈洪範〉簡單的幾句話：一曰貌，貌曰恭，恭作肅。曰肅，時雨若。曰狂，恒雨若。漢儒用陰陽五行的說法來解釋，便發揮了上述一大段道理。雖然各家的解說不盡相同，原理卻是一樣。首先確定貌屬於木，貌不恭就傷害了木，於是列舉屬於木的災異。如果自然界發生了這些災異，再和前引「木不曲折」的原因：「田獵不宿……」連起來，就可以說：這些災異發生的原因是傷了木氣，現在君王田獵過度（等等），恐怕就是因此招致災異的罷。所以這些說法的依據是陰陽五行說，漢儒運用這些經說，可以振振有詞的諫諍國君（說詳下編）。

　　漢儒拿陰陽五行說來解釋《尚書》，自然不限於〈洪範〉。只是因爲〈洪

〔註101〕《漢書》，卷 27 中之上，頁 1352～1354。

範〉明白的提出了五行及五行的性質，又具體的列舉了休徵和咎徵，利用這現成的架構，容易拿陰陽五行說來比附。因此漢代人的陰陽五行學說，遂以〈洪範〉為表，而匯聚於其中。〈堯典〉敘述四宅觀日，四時巡狩，隱然以東南西北四方，配春夏秋冬四季，因此《尚書大傳》拿陰陽五行來解釋，也是順理成章的事。以下摘錄關於冬季的經說：

> 主冬者，昴昏中可以收斂、田獵、斷伐。當上告之天子，而下賦之民。故天子南面而視四星之中，知民之緩急，急則不賦籍，不舉力役。故曰：「敬授人時」，此之謂也。
>
> 北方者何也？伏方也。伏方也者，萬物伏藏之方。伏藏之方，則何以謂之冬？冬者中也，中也者，萬物方藏於中也，故曰北方冬也。
>
> 陽盛則吁荼萬物而養之外也，陰盛則呼吸萬物而藏之內也，故曰吁吸也者，陰陽之交接，萬物之終始。〔註102〕

對於其餘顯然和陰陽五行毫不相干的經文，經師們仍然有辦法拿陰陽五行說來解釋。例如〈呂刑〉的五刑：墨、劓、剕、宮、大辟。《白虎通·五刑篇》說：

> 刑所以五何？法五行也。大辟法水之滅火，宮者法土之壅水，臏者法金之刻木，劓者法木之穿土，墨者法火之勝金。〔註103〕

〈五行篇〉下文說：「犯臏者以墨蒙其臏處而畫之」、「腓者脫其臏也」，雖然有腓、臏的異文，但都不礙於用五行來解釋。蕭吉《五行大義》引《周書》的話，有助於理解《白虎通》的用意：

> 五行相剋而作五刑，墨、劓、剕、宮、大辟也。火能變金色，故墨以變其肉。金能刻木，故剕以去其骨節。木能剋土，故劓以去其鼻。土能塞水，故宮以斷其淫。水能滅火，故大辟以絕其生命。〔註104〕

用陰陽五行說來比附，宇宙間的事物幾乎都可以納入它的系統。漢代的陰陽五行學說，絕不僅僅影響到經說，舉凡政治、天文、律曆、堪輿、占術、醫藥，上自天文，下至一般人民的日常生活，無一不受其影響。所以兩漢《尚書》學之沾上陰陽五行色彩，是自然而又必然的。至於陰陽五行說下的經說，它必然違背經文的原義，自是一件明顯的事實。除了是無形中受到陰陽五行

〔註102〕《尚書大傳輯校》，卷1，頁1下、2下。
〔註103〕《白虎通疏證》，卷9，頁438。
〔註104〕同前注，陳立疏證引。

說的影響以外，漢儒有意利用陰陽五行說下的經說來牽制君主的權力，並藉此發揮諫諍的作用，也是這類經說流行的原因。

《後漢書・楊賜列傳》載：

> 熹平元年，青蚺見御坐，帝以問賜，賜上封事曰：「臣聞和氣致祥，乖氣致災。休徵則五福應，咎徵則六極至。夫善不妄來，災不空發，王者心有所惟，意有所想，雖未形顏色，而五星以之推移，陰陽為其變度。以此而觀，天之與人，豈不符哉！《尚書》曰：「天齊乎人，假我一日。」是其明徵也。」……〔註105〕

楊家世傳歐陽《尚書》，代為帝師。上引封事，正是經師利用陰陽五行說下的經說，作為諫諍論據的一個例子。這類經說雖然不合經文原義，卻是漢代經學的一大特色。《尚書》能以樸學變得「可觀」，這類經說是一大因素。

〔註105〕《後漢書》，卷54，頁1776。

第三章　兩漢《尚書》學的特色（二）

第一節　諫書思想下的經說

部分經說，從其目的來看，可以看作是諫書思想下的產物。諫書一詞，出於《漢書‧儒林傳》：

> 王式，字翁思，東平新桃人也。事免中徐公及許生。式爲昌邑王師。昭帝崩，昌邑王嗣立，以行淫亂廢。昌邑羣臣皆下獄誅，唯中尉王吉、郎中令龔遂以數諫減死論。式繫獄當死，治事使者責問曰：「師何以亡諫書？」式對曰：「臣以《詩》三百五篇朝夕授王，至於忠臣孝子之篇，未嘗不爲王反復誦之也；至於危亡失道之君，未嘗不流涕爲王深陳之也。臣以三百五篇諫，是以亡諫書。」使者以聞，亦得減死論，歸家，不教授。[註1]

後來諸博士共薦，詔除下爲博士。可注意的是：王式只回答說他以三百五篇諫，所以無諫書，不僅可以減死歸家，後來還「詔除下爲博士」，足見諫書思想業已深入漢代人的心中。實際上，這並不是一個孤立的事件，也不是說只有《詩經》才能作諫書。在漢儒手中，不僅儒家的典籍都成了諫書，連陰陽五行也大量的派上用場，它們之間的差異，只是內容及運用方式的不同而已，至於用作「諫書」的目的卻並無二致。

拿《尚書》來作諫書，先天上就具備了良好的條件，因爲《尚書》二十九篇，所記載的正是古代的歷史。不必曲解與附會，史實就已足以鑑古知今。

[註1]　《漢書》，卷88，頁3610。

在漢儒的心目中，《尚書》更不只是歷史而已，《史記·太史公自序》引董仲舒說：「《書》記先王之事，故長於政。」《禮記·經解》說：「疏通知遠，《書》教也。」《尚書大傳·略說》所記載的更耐人尋味：

> 子夏讀《書》畢，孔子問曰：「吾子何爲於《書》？」子夏曰：「《書》之論事，昭昭若日月焉，所受於夫子者弗敢忘。退而窮居河、濟之閒，深山之中，壞室蓬戶，彈琴瑟以歌先王之風，有人亦樂之，無人亦樂之。上見堯、舜之道，下見三王之義，可以忘死生矣。」孔子愀然變容曰：「嘻！子殆可與言《書》矣。雖然，見其表，未見其裏，窺其門，未入其中。」顏回曰：「何謂也？」孔子曰：「丘常悉心盡志以入其中，則前有高岸，後有大谿，填填正立而已。六誓可以觀義，五誥可以觀仁，〈甫刑〉可以觀誠，〈洪範〉可以觀度，〈禹貢〉可以觀事，〈皋陶謨〉可以觀治，〈堯典〉可以觀美。」〔註2〕

以上所述「孔子」的言論，自然是漢儒假借「孔子」之口說自己的話。從上述引文中，可以看出《尚書》在先天上就與政治有緣。不過二十九篇的材料究竟有限，並且《尚書》中的誥、誓含有大量的肅殺之氣，要拿這些材料來幫助他們塑造一個漢世的堯、舜時代，就不能不在經說上下工夫了。

前述陰陽五行說下的經說，部分即是爲了用作諫書，如前引楊賜封事是個例子（見二章五節：〈陰陽五行說影響下的經說〉）。又如《漢書·鄭崇傳》載：

> 上（哀帝）欲封祖母傅太后從弟商，崇諫曰：「孝成皇帝封親舅五侯，天爲赤黃晝昏，日中有黑氣。今祖母從昆弟二人已侯，孔鄉侯皇后父，高武侯以三公封，尚有因緣。今無故欲復封商，壞亂制度，逆天人心，非傅氏之福也。臣聞師曰：『逆陽者厥極弱，逆陰者厥極凶短折，犯人者有亂亡之患，犯神者有疾夭之禍。』故周公著戒曰：『惟王不知艱難，唯耽樂是從，時亦罔有克壽。』故衰世之君夭折蚤沒，此皆犯陰之害也。」〔註3〕

鄭崇所引據的是〈洪範〉及〈無逸〉。至於拿陰陽來解釋君主的壽夭，並非〈無逸〉的原義，〈無逸〉裏絕無陰陽五行的影子。那麼鄭崇爲什麼要提「犯陰」二字？他的目的在於勸阻哀帝封外戚，外戚屬陰，所以說「犯陰」。因此諫書思想下的經說，它的最大特點便是因事解經。

〔註2〕《尚書大傳輯校》，卷3，頁10上～10下。
〔註3〕《漢書》，卷77，頁3255。

　　典型的例子是〈高宗肜日〉裏雉雊的意義，制作該篇的原因，《書序》說：「高宗祭成湯，有飛雉升鼎耳而雊。祖己訓諸王，作〈高宗肜日〉、〈高宗之訓〉。」〔註4〕飛雉升鼎而雊，這是一件不尋常的事件，它所象徵的是吉還是凶？它又是爲什麼事而來？漢儒有多種不同的說法。《漢書‧五行志》說：

> 劉向以爲雉雊鳴者，雄也，以赤色爲主。於《易》〈離〉爲雉，雉，南方，近赤祥也。劉歆以爲羽蟲之孽。易有〈鼎〉卦，鼎，宗廟之器，主器奉宗廟者，長子也。野鳥自外來，入爲宗廟器主，是繼嗣將易也。一曰：鼎三足，三公象，而以耳行，野鳥居鼎耳，小人將居公位，敗宗廟之祀。野木生朝，野鳥入廟，敗亡之異也。武丁恐駭，謀於忠賢，修德而正事，內舉傅說，授以國政，外伐鬼方，以安諸夏，故能攘木鳥之妖，致百年之壽。〔註5〕

《尚書大傳》說：

> 武丁祭成湯，有飛雉升鼎耳而雊。武丁問諸祖己，祖己曰：「雉者，野鳥也。不當升鼎，今升鼎者，欲爲用也，遠方將有來朝者乎？」故武丁內反諸己，以思先王之道，三年，編髮重譯來朝者六國。〔註6〕

《論衡‧異虛篇》說：

> 高宗祭成湯之廟，有蜚雉升鼎而雊，祖己以爲遠人將有來者。說《尚書》家謂雉凶，議駁不同，且從祖己之言，雉來吉也。〔註7〕

《尚書正義》引鄭玄說：

> 鼎，三公象也，又用耳行。雉升鼎耳而鳴，象視不明。天意若云：「當任三公之謀以爲政。」〔註8〕

或以爲吉，或以爲凶，或以爲赤祥，或以爲小人將居公位，或以爲當信任三公之謀，說成遠人將來朝，一樣振振有詞。對這種異說紛陳的現象，皮錫瑞解釋得很有道理：

> 諸說或渾言之，或即一事言之，皆非專指繼嗣。所以然者，上天示異，初不明言。大臣因事納忠，亦非一端而已。祖己曰：「正厥事。」則凡用人行政，以及宮闈繼嗣，皆在正事之中。高宗修德攘災，亦

〔註4〕　《尚書注疏》，卷10，頁8下～9上。
〔註5〕　《漢書》，卷27中之下，頁1411。
〔註6〕　《尚書大傳輯校》，卷1，頁27上～27下。
〔註7〕　《論衡校釋》，卷5，頁208～209。
〔註8〕　《尚書注疏》，卷10，頁9上。

不專在一事。說《尚書》者或云雉吉，或云雉凶，其義雖異，而皆

可通。蓋上天示變，則疑於凶；修德攘災，則轉為吉也。〔註9〕

皮氏說：「大臣因事納忠，亦非一端而已。」可謂一語道破這類經說產生的主要原因。因此漢儒在運用這一類經說的時候，就可以看場合而定其說法了。

如〈洛誥〉說：「汝其敬識百辟享，亦識其有不享。享多儀，儀不及物，惟曰不享，惟不役志于享。」〔註10〕《孟子・告子篇》趙岐注：

《尚書・洛誥篇》曰：「享多儀。」言享見之禮多儀法也。物，事也，

儀不及事，謂有闕也。故曰不成享禮。〔註11〕

《尚書正義》引鄭玄注：

朝聘之禮至大，其禮之儀不及物，所謂貢篚多而威儀簡也。威儀既

簡，亦是不享也。〔註12〕

從〈洛誥〉上下文來看，享確是進獻的意思，趙岐和鄭玄的解釋是正確的。而《漢書・郊祀志》載：

成帝末年頗好鬼神，亦以無繼嗣故，多上書言祭祀方術者，皆得待

詔，祠祭上林苑中長安城旁，費用甚多，然無大貴盛者。谷永說上

曰：「……經曰：『享多儀，儀不及物，惟曰不享。』《論語》說曰：

『子不語怪神。』唯陛下距絕此類，毋令姦人有以窺朝者。」〔註13〕

谷永為了諫成帝祭祀鬼神應有節度，所以採取斷章取義的方式，把享字解作祭享。又《漢書・谷永傳》載成帝建始三年（前30年）冬，日食地震同日發，詔舉方正直言極諫之士，谷永對曰：「絕卻不享之義，慎節游田之虞。」師古注：

卻，退也。享，當也。言所為不善，不當天心也。一曰：天不祐之，

不歆享其祀也。虞與娛同。〔註14〕

王先謙《補注》引錢大昕說：

義，古儀字。《書・洛誥》：「享多儀，儀不及物，曰不享。」謂當卻

貢獻而不受也，與下文不享上帝義自不同，師古兩解皆誤。〔註15〕

〔註9〕　《今文尚書考證》，卷7，頁220。
〔註10〕　《尚書注疏》，卷15，頁19下。
〔註11〕　《孟子注疏》（臺北：藝文印書館，1976年，影印嘉慶二十年〔1815年〕江西南昌府學刊本），卷12上，頁8下～9上。
〔註12〕　《尚書注疏》，卷15，頁20上～20下。
〔註13〕　《漢書》，卷25下，頁1260～1261。
〔註14〕　《漢書》，卷85，頁3446。
〔註15〕　《漢書補注》，卷85，頁2下。

從前後文來看，錢氏的說法是正確的。據此，則在諫書思想的支配下，漢儒運用同一材料，在不同的場合，正不妨採用一種以上的經說。

《尚書》中屬於誥誓各篇，多數含有肅殺之氣。若依照本義解釋，對於漢儒企圖藉《六經》思想，來塑造一個漢世的堯、舜時代的宏願是不利的，因而必須設法沖淡這種氣氛。〈甘誓〉和〈湯誓〉都有「予則孥戮汝」，〔註16〕是天子在軍隊出發之前，警告士兵不得違背命令，否則連他的妻子也一併處死。這事在古代並不稀奇，正如盤庚威脅他的部下，說他們如果不順從命令，「我乃劓殄滅之，無遺育，無俾易種于茲新邑」一樣。〔註17〕但在漢代通經可以致用的時代，這話照本義解釋，只怕會助長皇帝殺戮之心，於是部分漢儒乃據異文另作他解。《周禮·司厲》注引鄭眾說：

> 今之為奴婢，古之罪人也。故《書》曰：「予則奴戮汝。」《論語》
> 曰：「箕子為之奴。」罪隸之奴也。〔註18〕

這是把戮解作辱，孥則從異文作奴。王莽下詔不得買賣奴婢，引《書》也作「予則奴戮女。」〔註19〕這樣就可以把「孥戮」轉為「奴戮」，解作「奴辱」，於是肅殺之氣便大為沖淡了。

諫書思想下的經說，是通經致用時代下的必然產物。所以在經文的道理明白透澈，符合漢儒的政治理想時，自然不必附會，不必曲解。〈洪範〉雖是漢代陰陽五行說的總匯，但自「五、皇極，皇建其有極。」至「用靜吉，用作凶。」〔註20〕共計五百一十個字，就絕少陰陽五行說的影子。反之，在經文的原義含混，或者含有足以令人附會的象徵時，就會異說紛陳，各種附會齊集。〈高宗肜日〉的雉雊，〈洪範〉的五行和庶徵，就是明顯的例子。

第二節　增字解經及經義的推衍

前人在解釋古籍的時候，遇到難以講通的地方，常常增字解經，結果常會造成經說與經文原義的差距。漢儒增字解經，部分是因為經文確實不好講，部分則顯然是為了遷就主觀的需要。

〔註16〕《尚書注疏》，卷7，頁2上、卷8，頁2下。
〔註17〕同前注，卷9，頁15上。
〔註18〕《周禮注疏》，卷36，頁9上～9下。
〔註19〕《漢書·王莽傳》，卷99中，頁4111。
〔註20〕《尚書注疏》，卷12，頁11上～17下。

例如〈洛誥〉的「汝受命篤弼，丕視功載，乃汝其悉自教工。」〔註21〕
《尚書大傳》說：

> 《書》曰：「乃女其悉自學功。」悉，盡也。學，效也。《傳》曰：「當
> 其效功也，於卜洛邑，營成周，改正朔，立宗廟，序祭祀，易犧牲，
> 制禮樂，一統天下，合和四海，而致諸侯，皆莫不依紳端冕以奉祭
> 祀者，其下莫不自悉以奉其上者，莫不自悉以奉其祭祀者，此之謂
> 也。盡其天下諸侯之志，而效天下諸侯之功也。」〔註22〕

以「盡其天下諸侯之志，而效天下諸侯之功。」解釋「乃汝其悉自教工」是
增字解經，與經文的原義不符。一方面是這句話不大好講，另一方面顯然也
是爲了遷就上文所說的事件。又如《論衡・本性篇》引《尚書・微子》「我舊
云刻子，王子弗出」說：

> 微子曰：「我舊云孩子，王子不出。」紂爲孩子之時，微子睹其不善
> 之性，性惡不出眾庶，長大爲亂不變，故云也。〔註23〕

王充引《書》，刻子作孩子。就引文來看，也實在看不出有紂性惡的意味。王
充的解釋，實在是極盡增字解經之能事。這顯然是根據紂是惡人的傳說，並
爲了遷就〈本性篇〉的需要，遂有這種解說。

所謂經義的推衍，廣義的是指經由連類而及、附會、聯想等方式，來推
廣經文的意義，像前面所述正名主義下的經說，陰陽五行說下的經說都是。
本節所論，乃狹義的，即經師們一方面採輯和經文相關的史料及傳聞，一方
面循著經文的理路，推廣其意義。

〈酒誥〉告教周人，不可像紂王及殷人一樣沉湎於酒，後世傳說紂爲酒
池肉林，《論衡・語增篇》批評這類說法，以爲是傳《書》家欲惡紂，所以言
增其實。從紂喜好飲酒出發，到紂爲酒池肉林，飲者三千人，這便是推衍。

經由推衍，漢儒可以把和經文有些關聯的傳說及史料列入經說。由於這
種推衍，所以研究《尚書》的漢儒，連帶對唐、虞、三代的歷史、典章制度

〔註21〕《尚書注疏》，卷15，頁17下。翼鵬師《尚書釋義》（頁97）解釋這幾句説：
「《尚書故》云：『受命，受武王顧命也。』篤弼，忠實輔佐也。丕，語詞。
載，事也。汝，並周公及營雒諸臣言之。悉，盡也。教《大傳》作學，效也。
言汝周公受命而忠實輔予；予視察功事（意謂營雒之功事），乃汝等皆盡自效
力於此工務也。」
〔註22〕《尚書大傳輯校》，卷2，頁25下～26上。
〔註23〕《論衡校釋》，卷3，頁125。

等，都有所論列。至於這些經說究竟有多少眞實性，那是另外一回事。這類
經說，顯然是有感於拿二十九篇來認識唐、虞、三代，史料究嫌不足；同時
二十九篇爲何而作，也需要別的材料來說明。這類經說，在《尙書大傳》及
《白虎通》裏都有，《大傳》尤其豐富，這是由於二書體例不同所致。

《白虎通・瑞贄篇》說：

> 王者始立，諸侯皆見何？當受法稟正教也。《尚書》「揖（輯）五瑞」，
> 「覲四岳」，謂舜始即位，見四方諸侯，合符信。……合符信者，謂
> 天子執瑁以朝，諸侯執圭以覲天子。瑁之爲言冒也，上有所覆，下有
> 所冒也。故〈覲禮〉曰：「侯氏執圭升堂。」《尚書大傳》：「天子執瑁
> 以朝諸侯。」又曰：「諸侯執所受珪與璧朝于天子，無過者復得其珪，
> 以歸其邦。有過者留其珪，能正行者復還其珪。三年珪不復，少絀以
> 爵；六年珪不復，少絀以地；九年珪不復，而地畢削。」〔註24〕

這是和〈堯典〉「輯五瑞，……班瑞于羣后。」有關的制度。〔註25〕《尙書大
傳》說：

> 湯放桀而歸於亳，三千諸侯大會。湯取天子之璽，置之於天子之坐，
> 左復而再拜，從諸侯之位。湯曰：「此天子之位，有道者可以處之矣。
> 夫天下非一家之有也，唯有道者之有也，唯有道者宜處之。」湯以
> 此三讓，三千諸侯莫敢即位，然後湯即天子之位。〔註26〕

這是和〈湯誓〉相關的史料。《大傳》又說：

> 周公攝政，一年救亂，二年克殷，三年踐奄，四年建侯衛，五年營
> 成周，六年制禮作樂，七年致政成王。〔註27〕

這是和〈周誥〉各篇相關的史料。又說：

> 唐、虞象刑而民不敢犯，苗民用刑而民興相漸。唐、虞之象刑，上
> 刑赭衣不純，中刑雜屨，下刑墨幪，以居州里，而民恥之。〔註28〕

這是理想化的唐、虞刑制。象刑的說法，《荀子・正論篇》，《愼子》等書都曾
提到。《大傳》裏面的其他史料，當也各有所本。至於每一則記載的可靠性，
應該分別看待。

〔註24〕《白虎通疏證》，卷8，頁348、353～354。
〔註25〕《尚書注疏》，卷3，頁5上。
〔註26〕《尚書大傳輯校》，卷1，頁26上～26下。
〔註27〕同前註，卷2，頁27下。
〔註28〕同前註，卷1，頁6下。

《尚書大傳》所記載的某些傳說，本身就饒有意味，例如：

> 伯禽與康叔見周公，三見而三笞之。康叔有駭色，謂伯禽曰：「有商
> 子者，賢人也，與子見之。」乃見商子而問焉，商子曰：「南山之陽
> 有木焉，名喬，二三子往觀之。」見喬實高高然而上，反以告商子。
> 商子曰「喬者，父道也。南山之陰有木焉，名梓，二三子復往觀焉。」
> 見梓實晉晉然而俯，反以告商子。商子曰：「梓者，子道也。二三子
> 明日見周公，入門而趨，登堂而跪。」周公迎拂其首，勞而食之曰：
> 「爾安見君子乎？」〔註29〕

這則故事，和〈梓材〉的關聯極少。故事本身，卻富於教育性與趣味性。就因
爲有了這類經說，於是二十九篇雖少，卻得以經由推衍而大大的伸展其範圍。

增字解經的方式，我們可以批評它是否符合原義。至於經義的推衍，除
前述正名主義下的經說，及陰陽五行說下的經說，可以檢討它和經文原義的
差距外。本節所論狹義的推衍，循著經文推廣其含義的一小部分，也可以批
評它是否符合原義。其餘大部分只是爲經文採輯相關的材料，如果把它看作
參考的資料，就無所謂合不合乎經義。如果看作是解釋經義，就多半是經師
的以漢律古了。

第三節　以漢律古

研究學問的目的，在於求取眞理。就求眞理來說，一方面要時刻檢討主
觀上有沒有先入爲主的觀念，另一方面要隨時注意是否受到潮流的影響，以
致於以今律古。從這個觀點來衡量兩漢《尚書》說，發現漢儒在主觀上自覺
或不自覺的把經書神聖化，認爲經書中的每一句話都有深義，同時又不斷的
努力促使經義致用；在客觀上則又受到陰陽五行及讖緯等學說的影響。前面
所敘述的幾種特色，便是漢儒解釋經書時在思想方面以漢律古的情形，本節
將敘述漢儒在陳述前代事實及制度方面如何以漢律古，在這一方面，呈現了
他們心目中的古代史。

例如〈堯典〉載舜任命皋陶：「皋陶，蠻夷猾夏，寇賊姦宄。汝作士，五
刑有服，五服三就；五流有宅，五宅三居，惟明克允。」〔註30〕《尚書大傳·

〔註29〕同前注，卷2，頁23上～23下。
〔註30〕《尚書注疏》，卷3，頁22下～23上。

夏傳》說：「蠻夷猾夏，寇賊奸宄，則責之司馬。」《白虎通・封公侯篇》說：
「司馬主兵。」所以孫星衍以爲「皋陶爲司馬，三公之職。」〔註31〕《尚書
大傳・夏傳》說：

> 天子三公，一曰司徒公，二曰司馬公，三曰司空公。〔註32〕

鄭玄以爲《大傳》所說是夏代的官制。〔註33〕而〈尚書刑德放〉說益（或作
稷）爲司馬，《說苑・君道篇》說契爲司馬，《論衡・初稟篇》說棄（即后稷）
事堯爲司馬（以上諸人均見於〈堯典〉），〔註34〕他們都以爲夏以前已有司馬
之官，皮錫瑞批評他們說：「蓋以司馬無明文，故各以意言之，其實虞時無司
馬也。」〔註35〕皮氏在《經學通論・論古文《尚書》說變易今文，亂唐、虞
三代之事實》一文中，曾列舉十事，以爲古文說不合唐、虞事實。〔註36〕皮
氏以爲今文說正確，然否姑且不論，他批評古文說的部分，確有助於證明漢
儒慣於以漢律古。

　　事實上，唐、虞時代有沒有三公，是否叫司徒、司馬、司空，是大成問
題的。〈堯典〉本是後人敍述的古史，漢儒談唐、虞，無非根據傳聞及一些書
本資料：如《尚書》、《國語》、《周禮》、《春秋傳》等往上追溯。本來周因於
殷禮，殷因於夏禮，漢人根據漢代制度及他們對古史的知識以推測唐、虞時
代的制度，是很自然的事。但是從漢初到唐堯，足足有兩千餘年，到成湯也
已有一千四五百年，在古代文獻缺乏及不易保存流傳的情況下，自然常有文
獻不足以致無法徵實的情形。漢儒既「不思多聞闕疑之義」，好言唐、虞、三
代，自然不免錯誤重重。

　　就以三公來說，地位不算不重要，可是根據殷墟卜辭的材料，沒有發現
其中任何一個。所以不但唐、虞時沒有司馬這個官名，到夏、商的時候仍然
沒有。〔註37〕《詩・十月之交》有司徒，〈緜〉有司空及司徒。周金文司徒作

〔註31〕　《尚書大傳輯校》，卷1，頁23下。《白虎通疏證》，卷4，頁130。《尚書今古
　　　　　文注疏》，卷1，頁65。
〔註32〕　《尚書大傳輯校》，卷1，頁23下。
〔註33〕　同前注，卷1，頁24上。
〔註34〕　《緯書集成》，頁381。向宗魯，《説苑校證》（北京：中華書局，1987年），
　　　　　卷1，頁10。《論衡校釋》，卷3，頁117。
〔註35〕　《今文尚書考證》，卷1，頁78。
〔註36〕　皮錫瑞，《經學通論》（臺北：臺灣商務印書館，1969年），頁67～70。
〔註37〕　參看陳夢家，《殷虛卜辭綜述》，第15章：〈百官〉（臺北：臺灣大通書局，1971
　　　　　年）。

嗣土或嗣徒，司馬作嗣馬，司空作嗣工。〔註38〕

漢儒的經說有許多關於唐、虞、三代的記載，他們的說法，雖然有其根據，但是傳聞及書本材料都容易致誤。因此書本與書本間的比較，書本資料與地下資料的比較，都是有必要的。前述例子，根據卜辭，可知殷代還沒有司馬；根據金文，證明周代確有司馬。以下舉書本資料間的比較：〈皋陶謨〉有「欽四鄰」，〈洛誥〉有「亂爲四輔」之語，《尚書大傳》說：

> 古者天子必有四鄰，前曰疑，後曰丞，左曰輔，右曰弼。天子有問
> 無以對，責之疑。可志而不志，責之丞。可正而不正，責之輔。可
> 揚而不揚，責之弼。其爵視卿，其祿視次國之君也。〔註39〕

《白虎通・諫諍篇》名稱相同。〔註40〕《大戴禮・千乘篇》說：

> 國有四輔，輔，卿也。卿設如四體。〔註41〕

〈保傅篇〉說：

> 〈明堂之位〉曰：「篤仁而好學，多聞而道慎，天子疑則問，應而不
> 窮者，謂之道；道者，導天子以道者也。常立於前，是周公也。誠
> 立而敢斷，輔善而相義者，謂之充。充者，充天子之志（者）也。
> 常立於左，是太公也。絜廉而切直，匡過而諫邪者，謂之弼。弼者，
> 拂天子之過者也。常立於右，是召公也。博聞強記，接給而善對者，
> 謂之承。承者，承天子之遺忘者也。常立於後，是史佚也。」故成
> 王中立而聽朝，則四聖維之，是以慮無失計，而舉無過事。〔註42〕

《禮記・文王世子》說：

> 《記》曰：「虞、夏、商、周有師、保，有疑、丞。」〔註43〕

綜上所述，所謂四鄰、四輔，三說名目皆不相同：《大傳》及《白虎通》以爲疑、丞、輔、弼。《大戴禮》以爲道、充、弼、丞。《禮記》以爲師、保、疑、

〔註38〕《詩・小雅・十月之交》：「番維司徒。」《大雅・緜》：「乃召司空，乃召司徒。」嗣土或嗣徒，見〈免簋〉、〈詥壺〉、〈揚殷〉、〈矢人盤〉、〈載殷〉、〈無更鼎〉等器。嗣工見〈免卣〉、〈揚殷〉、〈矢人盤〉等器。見郭沫若，《兩周金文辭大系圖錄考釋》下冊（上海：上海書店出版社，1999 年），頁 90、99、118、129、150、151，及頁 91、118、129。〈矢人盤〉，或稱〈散氏盤〉。
〔註39〕《尚書大傳輯校》，卷 1，頁 20 上。
〔註40〕見《白虎通疏證》，卷 5，頁 227。
〔註41〕王聘珍，《大戴禮記解詁》（北京：中華書局，1989 年），卷 9，頁 156。
〔註42〕同前注，卷 3，頁 54～55。
〔註43〕《禮記注疏》，卷 20，頁 13 下。

丞。職掌方面，四說也不相同。漢儒述周初之事，尚且異說紛陳，莫衷一是。他們所述唐、虞、夏、商的事實及制度，自然更不能不經辨證而輕予採信了。

漢儒所瞭解的古代制度，有些顯然是漢人觀念的反映，例如法天建官之說，便和漢儒人事與天象配合的觀念相應。〈皋陶謨〉說：「無曠庶官，天工人其代之。」〔註44〕王符《潛夫論・貴忠篇》說：

> 夫帝王之所尊敬者，天也；皇天之所愛育者，人也。今人臣受君之重位，牧天之所愛，焉可以不安而利之，養而濟之哉？……《書》稱「天工人其代之。」王者法天而建官，故明主不敢以私授，忠臣不敢以虛受。〔註45〕

《後漢書・劉玄列傳》載李淑上書說：

> 方今賊寇始誅，王化未行，百官有司，宜慎其任。夫三公上應台宿，九卿下括河海，故天工人其代之。〔註46〕

《論衡・紀妖篇》說：

> 天官百二十，與地之王者無以異也。地之王者，官屬備具，法象天官，稟取制度。〔註47〕

〈春秋漢含孳〉說：

> 三公在天為三臺，九卿為北斗。故三公象五嶽，九卿法河海，二十七大夫法山陵，八十一元士法谷阜，合為帝佐，以匡綱紀。〔註48〕

《尚書大傳》說：

> 古者天子三公，每一公三卿佐之，每一卿三大夫佐之，每一大夫三元士佐之。故有三公九卿二十七大夫八十一元士，所與為天下者，若此而已。〔註49〕

鄭玄注：

> 自三公至元士凡百二十，此夏時之官也。〔註50〕

前文說過夏代沒有司馬，上述法天建官，員額不多不少，恰是百二十之說，

〔註44〕《尚書注疏》，卷4，頁21下。
〔註45〕此據《後漢書・王符列傳》所引摘錄，卷49，頁1630～1631。
〔註46〕《後漢書》，卷11，頁472。
〔註47〕《論衡校釋》，卷22，頁915。
〔註48〕《緯書集成》，頁814。
〔註49〕《尚書大傳輯校》，卷1，頁24上。
〔註50〕同前注。

自然更不足信。現代人看來也許以爲荒唐，然而漢人卻眞信這一套。除了官制象天以外，連經書的篇數也都可以和星宿配合，例如漢儒就說《尚書》二十九篇，法北斗七宿，四七二十八篇，其一北斗，合共二十九篇。〔註51〕以漢律古到這種地步，眞是可以歎爲觀止了！

第四節　名實分離

　　上述種種特色，都足以造成經說和經文原義的差距，以致名實不符。漢儒一方面抬高經書的地位，一方面從經說著手推廣經義所籠罩的範圍。自從儒家定於一尊以後，漢儒使經書神聖化的努力逐步的實現，經書既已神聖，當然不能輕易非議，但是經文的道理也許已經不適用，也許不便拿來應用，在這種情形下，儒者便從注釋上下工夫。注釋和經文的原義，差距可以很大，甚至毫不相干。這種名實分離的現象，一直維持了兩千多年。在漢代，名實分離的現象就已經極爲顯著，最顯明的例子便是《詩經》的美刺之說。

　　在《尚書》說方面，除了前面幾節所述，已經獨立分開討論以外。某些經說，既不屬於上述幾種特色的範圍，可是從它的解釋效果來看，顯然也是名實不符。如〈盤庚〉：「茲予大享于先王，爾祖其從與享之。」〔註52〕《尚書大傳》說：

> 古者諸侯始受封，則有采地。百里諸侯以三十里，七十里諸侯以二十里，五十里諸侯以十五里。其後子孫雖有罪黜，其采地不黜，使其子孫賢者守之，世世以祠其始受封之人，此之謂興滅國，繼絕世。
> 《書》曰：「茲予大享于先生，爾祖其從與享之。」此之謂也。（按：先生爲先王之誤。）〔註53〕

《大傳》引用這二句，屬於斷章取義的方式。這一段話，又見於《韓詩外傳》卷八。按：二書引用這二句，以爲興滅國，繼絕世的佐證，用意固然很好，但卻不是經文的原義。〈盤庚〉所記載的，是有些民眾起初反對涉河遷徙，既遷之後，又不滿意於新居，於是盤庚乃告教他們，期使他們安定下來。這二句的前後文說：

〔註51〕詳《論衡校釋·正說篇》，卷28，頁1123。
〔註52〕《尚書注疏》，卷9，頁7下。
〔註53〕《尚書大傳輯校》，卷1，頁27上。

> 古我先王，暨乃祖乃父，胥及逸勤，予敢動用非罰？世選爾勞，予
> 不掩爾善。茲予大享于先王，爾祖其從與享之。〔註54〕

> 古我先后，既勞乃祖乃父，汝共作我畜民。汝有戕則在乃心，我先
> 后綏乃祖乃父；乃祖乃父，乃斷棄汝，不救乃死。〔註55〕

意思是說：先王曾和先臣在一起同甘苦，現在我來祭祀先王，你們的祖先也
一同來受祭享。如果你們心懷禍亂，先王告訴先臣（乃祖乃父），先臣就會拋
棄你們。先王和先臣同甘苦，共意志，齊享祭祀，是一貫的事情。經文中絲
毫沒有興滅繼絕的意味。《尚書大傳》和《韓詩外傳》，都把這二句解釋錯了，
造成了名與實的分離。

又如〈洛誥〉載周公對成王說：「茲予其明農哉。」〔註56〕《尚書大傳·
略說》：

> 大夫士七十而致仕，老於鄉里。大夫為父師，士為少師。櫌鉏已藏，
> 祈樂已入，歲事已畢，餘子皆入學。十五始入小學，見小節，踐小
> 義：十八入大學，見大節，踐大義焉。距冬至四十五日始出學，傅
> 農事。上老平明坐於右塾，庶老坐於左塾，餘子畢出，然後皆歸。
> 夕亦如之，餘子皆入，父之齒隨行，兄之齒雁行，朋友不相踰，輕
> 任并重任分，頒白者不提攜，出入皆如之。〔註57〕

《偽孔傳》說：「如此我其退老，明教農人以義哉！」《正義》節引《大傳》
而加以解釋說：「公既歸政，則身當無事，如此我其退老於州里，明教農人以
義哉！」〔註58〕偽孔及孔穎達都還能見到《尚書大傳》的原本，明農的解釋，
當是自《大傳》即相承如此。事實上這是望文生義，與上下文不僅文義不銜
接，也不合乎情理。無怪乎處處為今文家辯護的皮錫瑞也不同意，他說：「《大
傳》所云，乃推廣言之耳。公即致政，豈得歸鄉里，坐門塾，為大夫士之事
哉！」〔註59〕

〔註54〕《尚書注疏》，卷9，頁7下。
〔註55〕同前註，頁13下。
〔註56〕《尚書注疏》，卷15，頁20下。
〔註57〕《尚書大傳輯校》，卷3，頁5上。
〔註58〕《尚書注疏》，卷15，頁21上～21下。
〔註59〕《今文尚書考證》，卷18，頁348。

第五節　結論

　　第二章及本章所述各節，是從幾種不同的角度，闡述兩漢《尚書》說的特色，各個特色之間，關聯都很密切，其所以分成這麼多條，是為了解說時敘述的方便，也為了讀者在理解時容易把握要點。

　　由於孔子的地位業已崇高，經書極被漢人尊崇。於是對於平易的經文，漢儒往往加以玄奧的解釋；對於不必解說的尋常文詞，漢儒也往往加以闡釋。這種現象，在《尚書》說裏雖不如《公羊傳》和《穀梁傳》顯著，而其心理背景則一：他們不相信經義如字面一般意義淺顯，認為經書中的每一個字都蘊涵一番大道理。這便是經書的神聖化，和孔子地位的崇高化是相連在一起的。

　　從訓詁的方式來看，兩漢《尚書》說中，某些解說既不是在解釋這個字的意義（義訓），也不是藉分析字形的構造來推測其意義（形訓），而是在說明這個字的語源（聲訓），並從此出發來發揮一番道理。這是正名主義下的經說。

　　從經說內容的分析來看，兩漢《尚書》說中有很多離奇怪誕的說法，這些說法主要是由陰陽五行說及讖緯構成的。陰陽五行的攙入，主要原因是學術思想的互相交流混合，學術與政治的交互影響。讖緯的攙入，主因是王莽一班人及東漢各帝王的提倡。

　　從說經的目的來看，經說中有意無意的曲解與附會，正是通經致用的時代中，諫書思想下的產物。觀察漢儒經說不合經文原義的部分，有些是因為經文實在不好講，不得不增字解經；有些是為了遷就主觀的需要，因而增字解經。

　　漢儒的經說極為繁瑣，極端的例子如秦恭解說《尚書》至百萬言，解釋「曰若稽古」四字就用了二、三萬言，注〈堯典〉就費了十多萬字。這樣繁瑣的經說，是利用連類而及、附會、聯想等方式，把和經文有直接間接關聯的材料都牽引過來。像陰陽五行說及有關唐、虞、三代的史料，便是通過這種方式加入的，這是廣義的推衍。狹義的推衍，是一方面循著經文的理路，推廣其意義，一方面採輯和經文有關的史料及傳聞。

　　上面所敘述的幾種特色，如果從時代風尚來解說，便是以漢律古。在解釋古籍或敘述古史的時候，拿當代的標準、觀念套在前人頭上，這種情形是難以避免的。我們所能採取的態度，就是經常意識到這種情形的可能存在，

並隨時留意自己是否可能已患了這種以今律古的毛病。漢儒在主觀上有通經致用的要求，在客觀上受到了歷史知識的限制，受了陰陽五行說和讖緯的影響，因此免不了有很多極明顯的以漢律古的情形。

從解釋的效果來看，上述幾種特色，都造成了或多或少的名實分離。這種現象的形成，可能是漢儒因知識不足，以致於解錯經文；也可能是因為經義已不適用，或者不便應用，但又要利用它來作行事及議論的依據，於是便從注釋方面下工夫。注釋和經文的原義，差距可以很大，甚至毫不相干。這種名實分離的現象，一直維持了兩千多年。而其關鍵所在，便是對於經書的看法問題，這也是本文在討論兩漢《尚書》學的特色時，以「《尚書》神聖化」居首，以「名實分離」作結的原因。

以上所述各個特點，是兩漢今古文《尚書》說所共同具有的，當然在成分上會有分別，這將在下章說明。從這些特色當中，也許會令人產生一種錯覺，以為兩漢《尚書》說盡是些荒唐而不可信的說法。其實不然，漢儒的經說中，有不少平實的說法（參看四章六節：〈今古文《尚書》學平議〉），漢儒在訓詁上的成就，更不容抹煞，他們的解釋，有許多到今天仍然為我們所沿用。如果我們試加懷想，當秦始皇下令焚書時，伏生把《尚書》的竹簡藏在牆壁中，該是何等沉重的心情！經過楚漢之際八年戰亂，一直晚到惠帝四年除挾書律之後，伏生抱著那些殘缺的竹簡，在濟南教授學生時的心情，我們有理由相信，他會有且喜且懼，不勝其任重道遠之感。當我們看到漢代帝王、諸侯王刻意搜集先秦古籍，看到武帝詔書說：「今禮廢樂崩，朕甚愍焉。」〔註60〕不能不令我們衷心佩服他們維護絕學的苦心，我們的確可以驕傲自己具有如此悠久而不絕的文化！

漢儒的成就，固然應該加以承續，並應設法使它發出更大的光輝，漢儒的缺點（特色中大半為其缺點所在），也不必隱諱。美善並舉，是我們治學所應具備的態度。本文的目的，即在這方面作一番嘗試。

〔註60〕　《史記·儒林列傳序》，卷121，頁3119。

第四章　兩漢《尚書》學的發展

第一節　兩漢《尚書》學變遷例

　　大體上說，後起的古文《尚書》說，要比伏生一脈傳下來的今文《尚書》說平實。今古文《尚書》說的差異，不僅代表了學派的不同，並且顯示了兩漢經學思想的變遷。戴師靜山在〈兩漢經學思想的變遷—《書經》部分〉一文中，〔註1〕對於漢代《尚書》學的思想變遷，有很清楚的說明。文中列舉十幾條實例，說明這種變遷，是由怪異而帶神話性的經說，轉變爲平實無奇的經說。以下摘錄兩條比較簡短的例子，都是有關〈堯典〉的解說：

　　三、放命圮族　趙曄《吳越春秋》云：「帝堯之時，遭洪水，滔滔天下沉漬，九州閼塞，四瀆壅閉。帝乃憂中國之不康，悼元元之罹咎。乃命四嶽，乃舉賢良，將任治水。自中國至于條方莫薦人，帝靡所任。四嶽乃舉鯀而薦之于堯。帝曰：『鯀負命毀族，不可。』四嶽曰：『等之羣臣，未有如鯀者。』堯用治水，受命九載，功不成。帝怒曰：『朕知不能也。』乃更求之，得舜，使攝行天子之政。巡狩觀鯀之治水，無有形狀，乃殛鯀于羽山。鯀投于水，化爲黃能，因爲羽淵之神。」案《後漢書·儒林傳》，趙曄治《韓詩》，著《吳越春秋》、《詩細》、《歷神淵》。看起來當是一個今文學者，所以陳喬樅把趙氏這段話採入《今文尚書經說考》。鯀投水化爲黃能，因而爲神，是一

〔註1〕原載《大陸雜誌》，39 卷，9 期。收入《梅園論學續集》（臺北：藝文印書館，1974 年），以下引文見該書頁 25、27、28。

個神話，原出於《左傳》、《國語》，亦見于《楚辭·天問篇》。想來這個神話，傳說已久，而且甚廣，是一個很普遍的神話。今文家好怪異，可能采以說經，故趙氏拿來做鯀治水失敗故事的結束。

六、六宗　《周禮·大宗伯疏》引《異義》云：「今歐陽、夏侯說，六宗者，上不及天，下不及地，旁不及四方。居中央，恍惚無有，神助陰陽變化，有益於人，故郊祭之。」孫星衍《尚書今古文注疏》認爲是伏生所傳最古之說，其言頗有理。因爲這個解釋，神話的意味甚強。又〈大宗伯疏〉引《異義》云：「古《尚書》說，六宗天地神之尊者，謂天宗三，地宗三。天宗日月星辰，地宗岱山河海；日月屬陰陽宗，北辰爲星宗，岱爲山宗，河爲水宗，海爲澤宗。祀天則天文從祀，祀地則地理從祀。」（原注：馬融、鄭玄並有不同之說，今從略。）古文說是後起的，把神話的氣氛沖淡了。

按：〈堯典〉的上下文是：「肆類于上帝，禋于六宗，望于山川，徧于羣神。」〔註2〕馬融注：

六宗，天地四時也。

萬物非天不覆，非地不載，非春不生，非夏不長，非秋不收，非冬不藏，此其謂六也。〔註3〕

鄭玄注：

禋，煙也。取其氣達升報于陽也。六宗言禋，與祭天同名，則六者皆天神，謂星、辰、司中、司命、風伯、雨師也。〔註4〕

誠如靜山師所說，今文家的說法是怪異而帶神話性的經說。古文說和馬融、鄭玄的說法，神秘的氣氛都比今文說淡薄。

靜山師解釋這種轉變的原因，認爲：

主要原因只有一點，就是經學思想的變遷。由今文學的荒唐的，神秘的，奇怪的經說，轉變爲古文學的平凡的，實在的，合乎情理的經說。換句話說，就是由神秘主義轉變爲自然主義。〔註5〕

〔註2〕　《尚書注疏》，卷3，頁4下～5上。

〔註3〕　《尚書注疏》，卷3，頁5上、8上。

〔註4〕　鄭注見《書疏》，此據《尚書今古文注疏》引錄，卷1，頁39。

〔註5〕　〈兩漢經學思想的變遷——《詩經》部分〉，原載《孔孟學報》18期，收入《梅園論學續集》，引文見該書頁2。

翼鵬師在《尚書釋義・敘論》中指出：「今文家說經，率皆借經論政，而不注重訓詁；且雜以陰陽五行迂誕可怪之論。其說《尚書》，自不例外。而《尚書》中〈洪範〉一篇，尤爲陰陽五行說之總匯。」漢末至魏晉間，鄭玄及王肅注盛行，今文家說漸微，終於亡於永嘉之亂，原因便在於其立說不如古文家平實。〔註6〕本書二、三章所述兩漢《尚書》學的特色，大部分便在敘述兩漢《尚書》說不平實的地方，其中大半是今文家的說法。

　　以下數節擬從經說的分立與合流，經說內含的會通，論難的風氣對經說的影響，經說字數的增減等方面，探討前後漢四百年間，《尚書》學的發展過程，並對其原因試加推測。

第二節　經說分歧的情形及謀求統一經說的努力

　　《漢書・夏侯勝傳》載：

> 從父子建，字長卿，自師事勝及歐陽高，左右采獲，又從五經諸儒問與《尚書》相出入者，牽引以次章句，具文飾說。勝非之曰：「建所謂章句小儒，破碎大道。」建亦非勝爲學疏略，難以應敵，建卒自顓門名經。〔註7〕

夏侯勝的主要活動時間在昭、宣二帝。昭帝時官至長信少府，宣帝時起初仍爲長信少府，後遷太子太傅，年九十卒。夏侯建爲其從父子，並師事勝，時代當較夏侯勝晚。這段記載顯示了幾件重要的事實：（一）由於經說內容的差異，造成經學家派的分立。（二）經說的內容已講求會通。（三）論難的風氣對經說頗有影響。（四）經說的字數在增加中。

　　《漢書・儒林傳贊》敘述前漢諸經博士分立的情形說：

> 初，《書》唯有歐陽、《禮》后、《易》楊、《春秋》公羊而已。至孝宣世，復立大、小夏侯《尚書》，大、小戴《禮》，施、孟、梁丘《易》，穀梁《春秋》。至元帝世，復立京氏《易》。平帝時，又立左氏《春秋》、毛《詩》、逸《禮》、古文《尚書》。〔註8〕

宣帝增置博士之事，又見於《漢書・宣帝紀》甘露三年（前51年）、〈百官公

〔註6〕　《尚書釋義・敘論》，頁14、15。
〔註7〕　《漢書》，卷75，頁3159。
〔註8〕　《漢書》，卷88，頁3620～3621。

卿表序〉、〈藝文志〉、〈劉歆傳〉、《後漢書・章帝紀》建初四年（79 年）詔，其間記載互異。王國維以爲「宣帝末所有博士，《易》則施、孟、梁邱（丘），《書》則歐陽、大、小夏侯，《詩》則齊、魯、韓，《禮》則后氏，《春秋》公羊、穀梁，適得十二人。」〔註 9〕後漢初年博士凡十四家，《後漢書・儒林列傳序》說：

> 及光武中興，……於是立五經博士，各以家法教授，《易》有施、孟、
> 梁丘、京氏，《尚書》歐陽、大、小夏侯，《詩》齊、魯、韓，《禮》
> 大、小戴，《春秋》嚴、顏，凡十四博士。〔註 10〕

關於博士家數及員額的更動，參看王國維〈漢魏博士考〉，錢穆〈兩漢博士家法考〉。〔註 11〕

宣帝以後，今文《尚書》立於學官的一直是歐陽及大、小夏侯三家，此後不再另外分家，但三家內部，由於經說的差異，仍然不免有分派的情形。《漢書・儒林傳》說歐陽有平當、陳翁生之學。〔註 12〕成帝時，「當以經明〈禹貢〉，使行河，爲騎都尉，領河隄。」〔註 13〕其治河事蹟詳《漢書・溝洫志》。〔註 14〕平當對〈禹貢〉特別有研究，〈儒林傳〉說歐陽有平、陳之學，則兩家經說重點應有不同。〈儒林傳〉又說大夏侯有孔霸、孔光父子與許商之學。商善爲算，著《五行論曆》，四至九卿。〔註 15〕成帝時，許商曾爲河堤都尉，〔註 16〕他也是屬於「經明〈禹貢〉」的學者，與孔霸父子之學，當有重點上的不同。〈儒林傳〉又說小夏侯有鄭寬中、張無故、秦恭（延君）、假倉、李尋之學。〔註 17〕小夏侯五派之中，秦恭經說多達百萬言，桓譚《新論》說秦延君解釋「曰若稽古」至二三萬言，〔註 18〕《文心雕龍・論說篇》說他注〈堯典〉十

〔註 9〕 〈漢魏博士考〉，《觀堂集林》，見《王國維遺書》第 1 冊（上海：上海古籍書店，1983 年），卷 4，頁 9 下。

〔註 10〕 《後漢書》，卷 79 上，頁 2545。

〔註 11〕 錢著收入氏著，《兩漢經學今古文平議》（臺北：三民書局，1971 年），頁 165～233。

〔註 12〕 《漢書》，卷 88，頁 3604。

〔註 13〕 《漢書・平當傳》，卷 71，頁 3050。

〔註 14〕 《漢書》，卷 29，頁 1691～1692。

〔註 15〕 《漢書》，卷 88，頁 3604。

〔註 16〕 《漢書》，卷 29，頁 1690。

〔註 17〕 《漢書》，卷 88，頁 3605～3606。

〔註 18〕 《新輯本桓譚新論・正經篇》，頁 38。

餘萬字。〔註19〕張無故守小夏侯之說，〈李尋傳〉說，尋「治《尚書》，與張
孺（《漢書補注》引齊召南說：當云張子孺，傳寫之訛，遂合兩字爲孺字耳。）、
鄭寬中同師，寬中等守師法教授，尋獨好〈洪範〉災異，又學天文月令陰陽。」
〔註20〕李尋曾依陰陽五行說發表治河意見。〔註21〕可見小夏侯五派之中，至
少可分爲三支：秦恭經說字數獨多，李尋善說〈洪範〉災異，鄭寬中、張無
故、假倉守小夏侯師法。

　　《後漢書・儒林列傳》沒有特別記載這一類分派的情形，但並非沒有分
派的事實。〈桓郁列傳〉說：

> 初，（桓）榮受朱普學章句四十萬言，浮辭繁長，多過其實。及榮入
> 授顯宗，減爲二十三萬言，郁復刪省，定成十二萬言。由是有桓君
> 大、小太常章句。〔註22〕

朱普師事平當，屬於歐陽家中的平氏之學。朱普卒於王莽篡位之初，桓榮得
授明帝，桓郁授章帝、和帝。〈張奐列傳〉說：

> 奐少遊三輔，師事太尉朱寵，學歐陽《尚書》。初，牟氏章句浮辭繁
> 多，有四十五萬餘言，奐減爲九萬言。〔註23〕

朱寵師事桓郁，屬於歐陽家中的桓君小太常章句。牟氏章句是牟長作的，他
生當前後漢之際，學的是歐陽《尚書》。〔註24〕張奐主要活動時間在桓、靈二
帝。桓榮、桓郁、張奐刪減前人的《尚書》章句，不僅經說的量有所不同，
刪減之時，取捨必有主觀上的標準，所以刪減過後的經說，必然和前人的面
貌相異。

　　由於這些經說大部分已經亡佚，無法將各支派差異之處詳細列舉。但他
們的特色，還可以從記載中得知其大概。例如平當「經明〈禹貢〉」，許商「善
爲算，能度功用。」二人均以明於〈禹貢〉參與治河的工作。李尋善說〈洪

〔註19〕 范文瀾，《文心雕龍注》（臺北：臺灣開明書店，1966 年），卷 4，頁 30 上。
〔註20〕 《漢書》，卷 75，頁 3179。
〔註21〕 《漢書・溝洫志》，卷 29，頁 1691。
〔註22〕 《後漢書》，卷 37，頁 1256。
〔註23〕 《後漢書》，卷 65，頁 2138。
〔註24〕 《後漢書》，卷 65，頁 2138，〈張奐列傳注〉說：「時牟卿受書於張堪，爲博
　　　　士，故有牟氏章句。」這是把牟長和牟卿當作一人。《集解》引洪亮吉說，以
　　　　爲「張字應作周字。」按：牟長決非牟卿。牟卿師事周堪，習大夏侯《尚書》
　　　　（見《漢書・儒林傳》）。牟長師承不明，習歐陽《尚書》（見《後漢書・儒林
　　　　列傳》）。洪亮吉《傳經表》，也是把他們當作兩人看待。

範〉災異，也曾依陰陽五行說發表治河的意見。〔註25〕秦恭以經說特繁著稱，桓榮、桓郁、張奐則刪減前人的章句。正是由於這些經說上的差異，造成了家內分派的現象。

上述一經分立數家博士，以及一家之中又衍生支派的情形，是一種普遍的現象，並不只限於《尚書》。在通經致用的時代，這種經說紛歧的現象，對於政府和儒生，都有不便的地方。政府處理政治事務及訂立制度時，需要經義上的依據（詳下編：〈兩漢《尚書》學對當時政治的影響〉各章節），如果異說紛紜，究應何所適從，就頗費周章了。經生研讀數家之說，也是一件沉重的負擔。加以經學既成利祿之途，自成一說的經生，自然希望自己一派立於學官。這些問題都牽涉到政治，經說的紛歧既非純粹學術上的爭議，自然不是全靠儒生自己能解決的，最後只好由朝廷召開學術會議，並且由皇帝來作最後的裁決。

《漢書・宣帝紀》甘露三年（前51年）載：

> 詔諸儒講五經同異，太子太傅蕭望之等平奏其議，上親稱制臨決焉。
>
> 乃立梁丘《易》、大、小夏侯《尚書》、穀梁《春秋》博士。〔註26〕

這便是石渠之議，主要目的原在平公羊、穀梁的同異，〔註27〕而兼及「五經同異」，使大臣平奏其異同，由宣帝裁決，意圖整齊歸於一是，永不再有異說出現。對於已經成立的異說，則承認分立的既成事實，增立梁丘《易》、大、小夏侯《尚書》、穀梁《春秋》等博士，並有限定於這數家的用意。這個政策，朝廷大致上是繼續貫徹下去的。雖然此後經說紛歧的現象依舊，除了今文家分立家派以外，還加入了劉歆以來古文家要求立博士的爭端，但博士家數自宣帝末的十二博士，後漢初年增為十四博士，直到東漢末年，一直沒有大的變動。〔註28〕其目的便在於防止儒生因為利祿的緣故，紛立異說，以求立於學官。

〔註25〕平當、許商、李尋的治河意見，見《漢書・溝洫志》。參閱六章三節：〈以《尚書》作為治河及畫分地理區域的依據〉。

〔註26〕《漢書》，卷8，頁272。

〔註27〕《漢書・儒林傳》，卷88，頁3598、3618。

〔註28〕元帝立京氏《易》博士，未幾而廢。平帝立古文《尚書》、毛《詩》、逸《禮》、《樂經》、左氏《春秋》博士。後漢初年博士凡十四家。慶氏《禮》曾一度立於博士，後因慶氏學微而中廢。光武帝興立左氏、穀梁博士，未幾而罷。自此訖於後漢之末，無所增損。說詳王國維〈漢魏博士考〉，《觀堂集林》，卷4，頁8下～11上。

哀帝建平元年（前6年），劉歆「欲建立左氏《春秋》及毛《詩》、逸《禮》、古文《尚書》皆列於學官。」大司空師丹「奏歆改亂舊章，非毀先帝所立。」〔註29〕光武帝初年，「尚書令韓歆上疏，欲為費氏《易》、左氏《春秋》立博士，詔下其議。」博士范升反對立左氏《春秋》，理由之一，也是「非先帝所存」。范升又說：

> 臣聞主不稽古，無以承天；臣不述舊，無以奉君。陛下愍學微缺，勞心經藝，情存博聞，故異端競進。近有司請置京氏《易》博士，羣下執事，莫能據正。京氏既立，費氏怨望，左氏《春秋》復以比類，亦希置立。京、費已行，次復高氏，《春秋》之家，又有騶、夾。如令左氏、費氏得置博士，高氏、騶、夾，五經奇異，並復求立，各有所執，乖戾分爭。從之則失道，不從則失人，將恐陛下必有猒倦之聽。〔註30〕

防止「異端競進」，以免各種異說層出不窮，是范升反對立費氏《易》及左氏《春秋》的主要理由。他的意見，是消極的避免鼓勵異說的發展。

章帝時，楊終建議依石渠故事，召開學術會議來論定五經同異，則要求積極的統一異說。《後漢書·楊終列傳》載：

> 終又言：「宣帝博徵羣儒，論定五經於石渠閣。方今天下少事，學者得成其業，而章句之徒，破壞大體。宜如石渠故事，永為後世則。」於是詔諸儒於白虎觀論考同異焉。〔註31〕

〈章帝紀〉載建初四年（79年）十一月壬戌詔：

> 蓋三代導人，教學為本。漢承暴秦，褒顯儒術，建立五經，為置博士。其後學者精進，雖曰承師，亦別名家。孝宣皇帝以為去聖久遠，學不厭博，故遂立大、小夏侯《尚書》，後又立京氏《易》。至建武中，復置顏氏、嚴氏《春秋》，大、小戴《禮》博士。此皆所以扶進微學，尊廣道藝也。中元元年（56年）詔書，五經章句煩多，議欲減省。至（明帝）永平元年（58年），長水校尉鯈奏言，先帝大業，當以時施行。欲使諸儒共正經義，頗令學者得以自助。〔註32〕

章帝的詔書指出儒生違背師說，造成經說紛歧的現象（雖曰承師，亦別名家）。

〔註29〕《漢書·劉歆傳》，卷36，頁1967、1972。
〔註30〕《後漢書》，卷36，頁1228。
〔註31〕《後漢書》，卷48，頁1599。
〔註32〕《後漢書》，卷3，頁137～138。

並引述光武帝中元元年詔書，以爲五經章句繁多，有減省的必要。最後引樊
儵的奏議，表示要使諸儒生共正經義。〈章帝紀〉又說：

> 於是下太常，將大夫、博士、議郎、郎官、及諸生、諸儒會白虎觀，
> 講議五經同異，使五官中郎將魏應承制問，侍中淳于恭奏，帝親稱
> 制臨決，如孝宣甘露石渠故事，作《白虎議奏》。〔註33〕

可見白虎觀之會和石渠閣會議具有相同的目的，就是統一紛歧的經說。《白虎
議奏》（即《白虎通德論》，又稱《白虎通議》，簡稱《白虎通》）的著成，把
漢代今文家的經說分門別類的作了一番全面的整理，是漢代今文經說集大成
的著作。雖然各家派的說法仍然存在，但有了這麼一本記錄諸儒定說的書，
總算初步達成了朝廷自宣帝以來，整理紛歧經說的目的。後來蔡邕等人因爲
「經籍去聖久遠，文字多謬。」〔註34〕建議正定經文（《詩》、《書》、《易》、《儀
禮》、《春秋》、《公羊傳》、《論語》，凡七經），靈帝同意，乃於熹平四年（175
年）開始刻石經，光和六年（183年）碑成。〔註35〕這就是有名的熹平石經。
〔註36〕它的效果，《後漢書・宦者呂強列傳》說：「自後五經一定，爭者用息。」
〈蔡邕列傳〉說：「於是後儒晚學，咸取正焉。」〔註37〕這件正定經典異文的
工作，和統一紛歧經說的努力，在精神上是相通的，而較易於收效。

　　整理紛歧經說的努力，何以在宣帝時不成功，卻在章帝時收到了功效？
到了東漢末年，沒有利用政府的力量，何以能自然的達成今古文的合流？其
中關鍵性的原因，在於學術本身，那便是治經講求會通的潮流。在這種潮流
下，經生面對「經有數家，家有數說」的情形，不僅治學徒勞而少功，並且
困惑於種種異說，自然希望紛歧的說法能夠統一（說詳第五節）。

第三節　治經講求兼通的風氣與經學昌明的關係

　　前引〈夏侯勝傳〉，夏侯建「自師事勝及歐陽高，左右采獲，又從五經諸
儒問與《尚書》相出入者。」說明最遲從夏侯建開始，經師業已衝破了一經

〔註33〕同前注，頁138。
〔註34〕《後漢書・蔡邕列傳》，卷60下，頁1990。
〔註35〕《隸釋》，卷14，頁13下。
〔註36〕說詳翼鵬師《漢石經周易殘字集證》（臺北：中央研究院歷史語言研究所，1961
　　　　年），卷1，頁1上～3上。
〔註37〕《後漢書》，卷78，頁2533；卷60下，頁1990。

的藩籬，講求經說的會通。到了東漢初年，部分經師進一步打破了家法的限制。《後漢書‧儒林列傳》載：

> （張玄）少習顏氏《春秋》，兼通數家法。……及有難者，輒爲張數家之說，令擇從所安。諸儒皆伏其多通，著錄千餘人。……會顏氏博士缺，玄試策第一，拜爲博士。居數月，諸生上言玄兼說嚴氏、宣氏（《集解》引惠棟曰：「宣氏當作冥氏，字之誤也。」），不宜專爲顏氏博士。光武且令還署，未及遷而卒。〔註38〕

博士弟子每年考試，能通一藝以上，可以補文學掌故缺，成績好的，還可以擔任郎中以上的官職，〔註39〕所以不願意兼習數家法，多添負擔。但治經講求兼通已是大勢所趨，是經學昌明以後必然要走上的路，在這種大潮流的衝激下，學者只好擺脫家法的範限。和帝時，徐防曾經爲了這種現象，上疏建議加以阻止。《後漢書‧徐防列傳》載：

> 防以五經久遠，聖意難明，宜爲章句，以悟後學。上疏曰：「……伏見太學試博士弟子，皆以意說，不修家法，私相容隱，開生姦路。每有策試，輒興諍訟，論議紛錯，互相是非。……今不依章句，妄生穿鑿，以遵師爲非義，意說爲得理，輕侮道術，浸以成俗，誠非詔書實選本意。……臣以爲博士及甲乙策試，宜從其家章句，開五十難以試之。解釋多者爲上第，引文明者爲高說；若不依先師，義有相伐，皆正以爲非。……雖所失或久，差可矯革。」詔書下公卿，皆從防言。〔註40〕

徐防之疏，本傳繫於永元十四年（102年）之後，十六年（104年）之前。前述張玄，卒於光武帝時（57年以前）。從張玄爲顏氏《春秋》博士，到徐防上疏，大約五十年的光景，太學諸生從反對兼說數家法，演變成「皆以意說，不守家法。」如此劇烈的變化，原因就在於治經講求兼通的潮流洶湧不可遏抑。這股潮流不僅衝破了墨守一經的藩籬，打破了家法的範限，最後並且促成今古文的合流。（合流時內容的取捨，則受經學思想的支配。）

治經講求兼通，是漢代經學日漸昌明的現象。關於漢興以來經學的發展，《史記‧儒林列傳序》有很扼要的說明：

〔註38〕《後漢書》，卷79下，頁2581。
〔註39〕見《史記‧儒林列傳序》公孫弘等議，卷121，頁3119。
〔註40〕《後漢書》，卷44，頁1500～1501。

及至秦之季世，焚《詩》、《書》，阬術士，《六藝》從此缺焉。……故漢興，然後諸儒始得脩其經藝，講習大射鄉飲之禮。叔孫通作漢禮儀，因爲太常，諸生弟子共定者，咸爲選首，於是喟然歎興於學。然尚有干戈，平定四海，亦未暇遑庠序之事也。孝惠、呂后時，公卿皆武力有功之臣。孝文時頗徵用，然孝文帝本好刑名之言。及至孝景，不任儒者，而竇太后又好黃、老之術，故諸博士具官待問，未有進者。及今上（武帝）即位，趙綰、王臧之屬明儒學，而上亦鄉之，於是招方正賢良文學之士。……及竇太后崩，武安侯田蚡爲丞相，絀黃、老、刑名百家之言，延文學儒者數百人，而公孫弘以《春秋》白衣爲天子三公，封以平津侯。天下之學士靡然鄉風矣。

〔註41〕

按：高帝五年（前 202 年）十二月，項羽兵敗自刎，天下粗定。然而由於高帝起自民間，不喜《詩》、《書》。〔註42〕蕭何本爲秦吏，熟習的是律令，都沒有注意到儒術的重要性。晚到惠帝四年（前 191 年），才廢除了挾書律。從惠帝即位到景帝駕崩（前 194 至前 141 年），五十餘年間，儒者仍然沒有得到大用，所以安定的環境對經學的發展並沒有產生多大的助益。直到武帝即位後，採取了一連串的措施來獎勵儒學。其中最重要的措施是罷黜百家，獨尊儒術。從此以後，二千年來，儒家定於一尊（詳五章一節：〈儒家的獨尊與通經致用〉）。這一番措施的效果，《史記·儒林列傳序》說：

自此以來，則公卿大夫士吏斌斌多文學之士矣。〔註43〕

《漢書·儒林傳贊》說：

自武帝立五經博士，開弟子員，設科射策，勸以官祿，訖於元始，百有餘年，傳業者寖盛，支葉蕃滋，一經說至百餘萬言，大師眾至千餘人，蓋祿利之路然也。〔註44〕

由於朝廷的獎勵，通經可以致用，治經的人多起來了，學問因講習而明，是必然的事。所以武帝的大力獎勵，是漢代經學日漸昌明的關鍵。回溯漢代初年，承秦火及楚漢相爭之後，學術歷經幾番摧殘，漢初經師在學術上的造詣，

〔註41〕《史記》，卷 121，頁 3116～3118。
〔註42〕《史記·陸賈列傳》（卷 97，頁 2699）：「高帝罵之曰：『迺公居馬上而得之，安事《詩》、《書》！』」
〔註43〕《史記》，卷 121，頁 3119～3120。
〔註44〕《漢書》，卷 88，頁 3620。

自然不及武帝以後諸大師的廣博及深厚。劉歆〈移太常博士書〉對漢代初年傳經的困難有一番描述，其中一段說到武帝初年的情形，很值得注意。他說：

> 至孝武皇帝，然後鄒、魯、梁、趙頗有《詩》、《禮》、《春秋》先師，皆起於建元之間。當此之時，一人不能獨盡其經，或為〈雅〉，或為〈頌〉，相合而成。〈泰誓〉後得，博士集而讀之。故詔書稱曰：「禮壞樂崩，書缺簡脫，朕甚閔焉。」〔註45〕

由此可見漢代初年經師的學術相當淺陋。〔註46〕相對武帝初年以前經師學術的淺陋，夏侯建的《尚書》經說參考了五經諸儒的說法，經師從不能盡一經到會通羣經，這正是經學昌明之後的現象。古文經學興起以後，順著會通的路子走下去，自然走到會通今古文之途。

第四節　論難之風與兼通之風的關係

論難的風氣，是推動經說走上會通的另一項動力。前引《漢書‧夏侯勝傳》，夏侯建「左右采獲，又從五經諸儒問與《尚書》相出入者，牽引以次章句，具文飾說」的原因，便是「非勝為學疏略，難以應敵。」關於兩漢經師間的論難，比較突出的如：公羊學與穀梁學的辯論；〔註47〕宣帝時詔諸儒講五經同異於石渠閣；〔註48〕章帝時詔諸儒會白虎觀，講議五經同異。〔註49〕

〔註45〕《漢書》，卷36，頁1969。
〔註46〕由於劉歆是提倡古文經學的健將，因此後人對於他批評今文經學的話，常持較為保留的態度，不敢輕易採信。但就這段話來說，有些資料可以證明他的話是相當可信的。《漢書‧儒林傳》說：「申公獨以《詩經》為訓詁以教，亡傳，疑者則闕弗傳。」「漢興，高祖過魯，申公以弟子從師入見于魯南宮。」武帝曾就立明堂的事徵詢他的意見，那時他已八十多歲了。〈儒林傳〉又說：「景帝時，（丁）寬為梁孝王將軍，距吳、楚，號丁將軍。作《易說》三萬言，訓詁舉大誼而已，今小章句是也。」申公是魯《詩》的開創先師，而不能獨盡其經，「疑者則闕弗傳」。〈儒林傳〉說丁寬讀《易》雖稱精敏，但其《易說》僅三萬言。丁寬的《易說》雖已亡佚，不能藉此推測他的《易》學造詣，但由其字數之少，卻可以推定他所引用的資料絕不會多，是一本頗為「質樸」的經說。所以劉歆說武帝初年以前經師學術淺陋的情形，是有其事實根據的。無怪乎大司空師丹雖然對劉歆移書大怒，也僅「奏歆改亂舊章，非毀先帝所立。」（劉歆傳）沒有說他無中生有，毀謗先師學術。
〔註47〕《漢書‧儒林瑕丘江公傳》，卷88，頁3617。
〔註48〕《漢書‧宣帝紀》，卷8，頁272。〈儒林瑕丘江公傳〉，卷88，頁3618。
〔註49〕《後漢書‧章帝紀》，卷3，頁138。

一般性的如：轅固生與黃生在景帝前辯論湯、武究竟是受命或是弒君；〔註50〕章帝每於讌見時，常使賈宗與丁鴻論議於前；〔註51〕和帝因朝會召見諸儒，魯丕、賈逵、黃香相難數事。〔註52〕這一類論難不僅有關個人的面子與職業，甚至關聯到學派的盛衰。〔註53〕

為了應付論難，經師必須知己知彼，所以夏侯建從五經諸儒問與《尚書》相出入者。今古文學的爭端興起之後，經師不得不兼通今古文經學，例如范升通《論語》、《孝經》，習梁丘《易》、《老子》，是個今文學者。光武帝建武四年（28年），他反對韓歆為費氏《易》、左氏《春秋》立博士的建議，「奏左氏之失凡十四事」，「又上太史公違戾五經，謬孔子言，及左氏《春秋》不可錄三十一事。」〔註54〕可見他也兼通古學。李育少習公羊《春秋》，也頗涉獵古學，嘗讀左氏傳，後來作《難左氏義》四十一事。章帝建初四年（79年），他參加白虎觀之會，「以公羊義難賈逵，往返皆有理證，最為通儒。」〔註55〕

但治經講求會通，主要原因還是經學發展的趨勢所致。西漢以來，許多經師兼習今古學或數家法，主要動機恐怕還是為了好學，未必先抱著應付論難的目的。這類例子如：翟方進「雖受穀梁，然好左氏傳、天文星曆。」〔註56〕張玄「少習顏氏《春秋》，兼通數家法。」孫期「習京氏《易》、古文《尚書》。」張馴「能誦《春秋》左氏傳，以大夏侯《尚書》教授。」尹敏「初習歐陽《尚書》，後受古文，兼善毛《詩》、穀梁、左氏《春秋》。」〔註57〕賈逵、鄭玄雖然都和今文學家有過爭議，但他們之所以兼通今古學，賈逵由於家學，鄭玄由於從師學習所得。《後漢書·賈逵列傳》說：

> 父徽，從劉歆受左氏《春秋》，兼習《國語》、《周官》，又受古文《尚書》於塗惲，學毛《詩》於謝曼卿，作《左氏條例》二十一篇。逵悉傳父業，弱冠能誦左氏傳及五經本文，以大夏侯《尚書》教授，雖為古學，兼通五家穀梁之說。〔註58〕

〔註50〕《史記·儒林列傳》，卷121，頁3122～3123。

〔註51〕《後漢書·賈復列傳》，卷17，頁667～668。

〔註52〕《後漢書·魯丕列傳》，卷25，頁884。

〔註53〕如〈儒林瑕丘江公傳〉所載公、穀之爭。《漢書》，卷88，頁3617～3618。

〔註54〕《後漢書·范升列傳》，卷36，頁1229。〈陳元列傳〉，卷36，頁1231。

〔註55〕《後漢書·儒林列傳》，卷79下，頁2582。

〔註56〕《漢書·翟方進傳》，卷84，頁3421。

〔註57〕以上並見《後漢書·儒林列傳》，頁2581、2554、2558。

〔註58〕《後漢書》，卷36，頁1234～1235。

又〈鄭玄列傳〉說：

> （玄）遂造太學受業，師事京兆第五元先，始通京氏《易》、公羊《春秋》、三統歷、九章筭術。又從東郡張恭祖受《周官》、《禮記》、左氏《春秋》、韓《詩》、古文《尚書》。以山東無足問者，乃西入關，因涿郡盧植，事扶風馬融。〔註59〕

賈逵所受父業，除了《國語》外，都是所謂古文經典，這大概是范曄的強調手法，處在今文經學立於官學的時代，賈徽不太可能不通習一兩門今文學。所以賈逵通大夏侯《尚書》，兼通五家穀梁《春秋》，固然可以是從師所學（師承不明），但更可能是家學。至於鄭玄通習今古文，都是從師學習所得。從劉歆爭立古文經到鄭玄之時，今古文的爭端已歷二百年的時間，兼通今古學的風氣日漸普徧，但也帶給學者沉重的負擔與困惑，《後漢書・鄭玄傳論》說：「學徒勞而少功，後生疑而莫正。」〔註60〕正需要高才碩學的大師出來解開這種困局。

第五節　經說字數的增減及今古文的合流

根據《漢書・夏侯勝傳》的記載，夏侯建的經說參考了五經諸儒的說法，「牽引以次章句，具文飾說。」夏侯勝罵他是「章句小儒，破碎大道。」章句不只是零星的詞和字的解釋，而是整段逐句的文義解釋，其中可以並列許多種說法，所以章句是一種很繁的經說。〔註61〕從夏侯勝到夏侯建，經說的字數一定增加了不少。夏侯建授張山拊，張山拊授秦恭，恭增師法至百萬言。〔註62〕可見從夏侯建之後，經說的字數還在繼續增加。秦恭說「曰若稽古」至二三萬字，〔註63〕注〈堯典〉用了十餘萬字，〔註64〕一部《尚書》的經說多達百萬言，在經說的字數方面達到了巔峰造極的地步。

夏侯建為了論難應敵，參考了五經諸儒的說法，使他的經說字數大為增加。經說流於繁瑣，自然引人反感。當初夏侯勝就已頗不滿意，以為是「章

〔註59〕《後漢書》，卷35，頁1207。
〔註60〕同前註，頁1213。
〔註61〕關於漢人解經的方式，參閱戴師靜山〈經疏的衍成〉，收入《梅園論學續集》，頁93～117。或《孔孟學報》19期。
〔註62〕《漢書・儒林傳》，卷88，頁3605。
〔註63〕《新輯本桓譚新論・正經篇》，頁38。
〔註64〕《文心雕龍・論說篇》，見范文瀾《文心雕龍注》，卷4，頁30上。

句小儒，破碎大道。」古文經學的興起，表明部分學者對西漢今文經學有所不滿。《漢書‧藝文志》對西漢「博學者」的批評，可以作為這種不滿的一個代表：

> 古之學者耕且養，三年而通一藝，存其大體，玩經文而已，是故用日少而畜德多，三十而五經立也。後世經傳既已乖離，博學者又不思多聞闕疑之義，而務碎義逃難，便辭巧說，破壞形體；說五字之文，至於二三萬言。後進彌以馳逐，故幼童而守一藝，白首而後能言。安其所習，毀所不見，終以自蔽，此學者之大患也。〔註65〕

批評的重點正在經說的字數。對於繁瑣經說的不滿，並不限於古文家，夏侯勝固然早就不贊同，到了東漢，今文家更進一步從事刪減章句的工作，而且徧及羣經。〔註66〕在《尚書》方面，《後漢書‧桓郁列傳》載：

> 初，（桓）榮受朱普學章句四十萬言，浮辭繁長，多過其實。及榮入授顯宗，減為二十三萬言。郁復刪省，定成十二萬言。由是有桓君大、小太常章句。〔註67〕

朱普卒於王莽篡位之初，桓榮得授明帝，桓郁授章帝、和帝。《後漢書‧張奐列傳》載：

> 奐少遊三輔，師事太尉朱寵，學歐陽《尚書》。初，牟氏章句浮辭繁多，有四十五萬餘言，奐減為九萬言。〔註68〕

張奐的主要活動時間在桓、靈二帝。牟氏章句是牟長作的，牟長是前後漢之際的人物。〔註69〕牟長、朱普、桓氏父子、張奐都是歐陽《尚書》的經師。在齊《詩》方面，伏恭刪減其父伏黯的章句。《後漢書‧儒林列傳》載：

> 伏恭，字叔齊，琅邪東武人，司徒湛之兄子也。湛弟黯，字稚文，以明齊《詩》，改定章句，作解說九篇。位至光祿勳，無子，以恭為後。恭性孝，事所繼母甚謹。少傳黯學，……初，父黯章句繁多，恭乃省減浮辭，定為二十萬言。〔註70〕

〔註65〕　《漢書》，卷30，頁1723。
〔註66〕　《論衡‧效力篇》說：「王莽之時，省五經章句，皆為二十萬。博士弟子郭路，夜定舊說，死於燭下。」按：王莽省五經章句，《漢書》、《後漢書》皆未記載。後漢初年經說，每部也多在二十萬字以上。所以《論衡》的話未必可信。
〔註67〕　《後漢書》，卷37，頁1256。
〔註68〕　《後漢書》，卷65，頁2138。
〔註69〕　《後漢書，儒林傳》，卷79上，頁2557。
〔註70〕　《後漢書》，卷79下，頁2571。

伏恭在明帝永平二年（59年）代梁松爲太僕，章帝建初二年（77年）行饗禮，以恭爲三老，年九十。在公羊學方面，樊儵、張霸相繼刪減章句，《後漢書‧樊儵列傳》載：

> 儵刪定公羊嚴氏《春秋》章句，世號「樊侯學」。〔註71〕

又〈張霸列傳〉載：

> 後就長水校尉樊儵受嚴氏公羊《春秋》，遂博覽五經。……霸以樊儵
> 刪嚴氏《春秋》，猶多繁辭，乃減定爲二十萬言，更名「張氏學」。
> 〔註72〕

樊儵主要活動時間在光武及明帝，張霸於和帝永元中爲會稽太守，後遷爲侍中。根據上述資料，可知這種刪減章句的工作，業已成爲東漢經學的一股潮流。就時間來說，自光武到桓、靈；就經書來說，不只限於一經。雖然說「孝者，善繼人之志，善述人之事者也。」〔註73〕然而東漢的孝子卻刪減其父的章句。若非大勢所趨，則以漢人之重孝及重守師法，自不會輕易大量刪減其父其師的經說。所以說對於西漢今文經說過於繁瑣的不滿，並不限於古文家。

　　至於今文家這種刪減章句的工作，除了對於字數加以刪減以外，對於經說中「神奇」、「怪異」的成分，究竟作了何種程度的修正，由於這些經說的亡佚，無法加以確切的考察。但因學術上的變遷，彼此互有關聯，今文家既已同古文家一樣不滿意於章句的繁瑣，動手加以刪減，他們必然會刪除部分不平實的經說，這是可以斷言的。

　　經學昌明之後，治經講求兼通的風氣日漸普徧。王充就主張儒生應該五經皆習，並博覽百家之言。〔註74〕但是西漢以來，經分數家，家有數說，經說多的達到百餘萬言，造成「幼童而守一藝，白首而後能言」的流弊。〔註75〕在這種狀況下，一般學者實在難以通習五經，遑論兼通今古文及數家說法。所以東漢以來的經師，紛紛刪減前人的章句。這種趨勢的結果，自然導向經說的統一。混一今古文的大師，首推鄭玄。《後漢書‧鄭玄傳論》說：

> 漢興，諸儒頗修藝文。及東京，學者亦各名家。而守文之徒，滯固
> 所稟，異端紛紛，互相詭激。遂令經有數家，家有數說，章句多者，

〔註71〕《後漢書》，卷32，頁1125。
〔註72〕《後漢書》，卷36，頁1241～1242。
〔註73〕《禮記‧中庸注疏》，卷52，頁16下。
〔註74〕《論衡校釋‧別通篇》，卷13，頁593。
〔註75〕《漢書‧藝文志》，卷30，頁1723。

　　或乃百餘萬言，學徒勞而少功，後生疑而莫正。鄭玄括囊大典，網

　　羅眾家，刪裁繁誣，刊改漏失，自是學者略知所歸。〔註76〕

鄭玄徧注羣經，皆兼採今古文。〔註77〕當時學者苦於家法繁雜，至此莫不翕
然相從。其後王肅雖駁鄭玄，但他的經說也是兼採今古文。或以今文說駁鄭
玄之古文，或以古文說駁鄭玄之今文。〔註78〕到了鄭玄、王肅手裏，宣帝、
章帝謀求整齊異說的努力終於得到了成功，此後今古文的界限就變得混淆不
清了。

第六節　今古文《尚書》學平議

　　今文家雖有許多怪異而荒誕的說法，卻也有不少平實的經說。而在怪誕
的經說部分，應該注意今文家之間的不同，某一家的解釋雖然怪誕，另一家
的說法可能卻很平實。例如前文所舉〈堯典〉「納于大麓，烈風雷雨弗迷。」
〔註79〕伏生及歐陽說，和馬、鄭古文說，均以麓為山麓、山足。惟夏侯說以
大麓為大錄，以為居三公之位（說詳二章二節：〈尚書神聖化〉）。又如〈堯典〉
起句：「曰若稽古帝堯」，「稽古」一詞，兩漢諸儒均解為考古，惟鄭玄據緯書
解作同天，是今文家異說。〔註80〕又如〈洪範〉五事：貌、言、視、聽、思。
〈洪範〉本文明白的說人君五事是否得當，足以招致吉祥或災異。從這個提
示出發，《洪範五行傳》根據陰陽說附會了很多怪誕的說法（說詳二章五節：
〈陰陽五行說影響下的經說〉）。而《春秋繁露・五行五事篇》，首尾雖然講陰
陽五行，中間對於五事，卻有一大段很好的議論：

　　　五事：一曰貌，二曰言，三曰視，四曰聽，五曰思。何謂也？夫五
　　　事者，人之所受命於天也，而王者所修而治民也。故王者為民治，
　　　則不可以不明準繩，不可以不正（按：正下疑脫權衡二字。）。王者
　　　貌曰恭，恭者敬也。言曰從，從者可從。視曰明，明者知賢不肖，
　　　分明黑白也。聽曰聰，聰者能聞事而審其意也。思曰容，容者言無

〔註76〕《後漢書》，卷35，頁1212～1213。

〔註77〕見《後漢書》卷35本傳，參看皮錫瑞《經學歷史》，周予同增注本（臺北：
　　　　藝文印書館，1966年），頁124。

〔註78〕參看皮錫瑞《經學歷史》，周予同增注本頁137。

〔註79〕《尚書注疏》，卷3，頁2下。

〔註80〕說詳皮錫瑞《今文尚書考證》，頁4。

不容。恭作肅，從作乂，明作哲，聰作謀，容作聖。何謂也？恭作
肅，言王者誠能內有恭敬之姿，而天下莫不肅矣。從作乂，言王者
言可從，明正從行而天下治矣。明作哲，哲者知也，王者明則賢者
進，不肖者退，天下知善而勸之，知惡而恥之矣。聰作謀，謀者謀
事也，王者聰則聞事與臣下謀之，故事無失謀矣。容作聖，聖者設
也，王者心寬大無不容，則聖能施設，事各得其宜也。〔註81〕

《洪範五行傳》和《春秋繁露》都是根據經文推衍，使經說和實際政事發生
關聯。《春秋繁露》在討論陰陽五行的篇章中，能有上引一大段平實的說法，
實屬難能可貴。所以我們在探討今文家的經說時，應該注意他們之間的異說。

今文家好借經論政，所以今文家某些怪誕的經說，可以從其目的來瞭解
（詳三章一節：〈諫書思想下的經說〉），如果經文本身即刻可以拿來論政，自
然不必曲解與附會，例如〈洪範〉雖是陰陽五行說的總匯，但自「五、皇極，
皇建其有極。」至「用靜吉，用作凶。」共計五百一十個字，〔註82〕陰陽五
行的色彩就很淡，這自然是經文不需附會即可通經致用的結果。他們的經說，
在當時影響了政治，但因為許多經說與經文原義不符，引起古文家的不滿，
到了後世，更為學者們所詬病。然而誠如子貢所說：「紂之不善，不如是之甚
也。」〔註83〕今文家的說法也不盡是怪誕的。

有些經文，分明可以說成荒誕的神話，今文家的解釋卻出人意外的平實。
例如〈康誥〉：「天乃大命文王，殪戎殷，誕受厥命。」〔註84〕《尚書大傳》說：

天之命文王，非嘵嘵然有聲音也。文王在位而天下大服，施政而物
皆聽，命則行，禁則止，動搖而不逆天之道，故曰：「天乃大命文王。」
文王受命，一年斷虞、芮之質，二年伐于，三年伐密須，四年伐畎
夷，五年伐耆，六年伐崇，七年而崩。〔註85〕

《大傳》所說，和〈皋陶謨〉所說：「天聰明，自我民聰明。天明畏，自我民
明威。」〔註86〕精神一致。《孟子·萬章篇》有一段和《大傳》類似的記載：

萬章曰：「堯以天下與舜，有諸？」孟子曰：「否。天子不能以天下

〔註81〕　《春秋繁露義證》，卷14，頁4下～6下。
〔註82〕　《尚書注疏》，卷12，頁11上～17下。
〔註83〕　《論語注疏》，卷19，頁5下。
〔註84〕　《尚書注疏》，卷14，頁3下。
〔註85〕　《尚書大傳輯校》，卷2，頁21下。
〔註86〕　《尚書注疏》，卷4，頁23下。

與人。」「然則舜有天下也，孰與之？」曰：「天與之。」「天與之者，
諄諄然命之乎？」曰：「否。天不言，以行與事示之而已矣。」曰：
「以行與事示之者如之何？」曰：「天子能薦人於天，不能使天與之
天下。諸侯能薦人於天子，不能使天子與之諸侯。大夫能薦人於諸
侯，不能使諸侯與之大夫。昔者堯薦舜於天而天受之，暴之於民而
民受之。故曰天不言，以行與事示之而已矣。」曰：「敢問薦之於天
而天受之，暴之於民而民受之，如何？」曰：「使之主祭而百神享之，
是天受之；使之主事而事治，百姓安之，是民受之也。天與之，人
與之，故曰天子不能以天下與人。舜相堯，二十有八載，非人之所
能爲也，天也。堯崩，三年之喪畢，舜避堯之子於南河之南，天下
諸侯朝覲者，不之堯之子而之舜；訟獄者，不之堯之子而之舜；謳
歌者，不謳歌堯之子而謳歌舜，故曰天也。夫然後之中國，踐天子
位焉。而居堯之宮，逼堯之子，是篡也，非天與也。〈泰誓〉曰：『天
視自我民視，天聽自我民聽。』此之謂也。」〔註87〕

將《尚書大傳》和《孟子》比較，就這一部分來說，其開明平實的程度，絲
毫都不遜色。《論衡·初稟篇》也引了〈康誥〉「冒聞於上帝，帝休，天乃大
命文王。」〔註88〕說法和《尚書大傳》相合。〔註89〕

　　大致上說，如果經文的意義很清楚，或者經文可以直接拿來論政時，今
文家的說法也很平實。例如〈呂刑〉的經說，除了少部分用陰陽五行或法天
制刑來解釋經文之外，大體上都很合情理。所以除了受到時代精神及通經致
用的影響，形成許多不平實的經說外，〔註90〕今文家並非無條件的曲解經義。

　　每一個時代都有它特殊的時代精神，當陰陽五行的學說支配了兩漢政教
與學術的時候，當讖緯成了東漢的「內學」，經書反成爲「外學」的時候，古
文家又如何能不受它的影響？不過由於東漢古文經師的經說沒有完整的流傳
下來，無法詳盡的檢討他們的內容。本文只能指出，賈逵、馬融的經說裏也
含有陰陽五行說和讖緯的成分。《後漢書·賈逵列傳》載，章帝命賈逵指出《左
傳》長於公羊、穀梁之處，逵具條奏之，其中說道：

〔註87〕　《孟子注疏》，卷9下，頁1上～2上。
〔註88〕　《尚書注疏》，卷14，頁3上～3下。
〔註89〕　《論衡校釋》，卷3，頁121～122。
〔註90〕　參閱本書二章二節：〈尚書神聖化〉，四節：〈讖緯影響下的經說〉，五節：〈陰
　　　　　陽五行說影響下的經說〉，三章一節：〈諫書思想下的經說〉等。

光武皇帝奮獨見之明，興立左氏、穀梁，會二家先師不曉圖讖，故
令中道而廢。……五經家皆無以證圖讖，明劉氏爲堯後者，而左氏
獨有明文。五經家皆言顓頊代黃帝，而堯不得爲火德。左氏以爲少
昊代黃帝，即圖讖所謂帝宣也。如令堯不得爲火，則漢不得爲赤。
其所發明，補益實多。〔註91〕

引用讖緯資料，證明漢爲火德，賈逵「通經致用」（或者說「曲學阿世」）的
精神，絲毫不比「五經家」遜色！又〈馬融列傳〉載：

（馬）融集諸生考論圖緯，聞（鄭）玄善算，乃召見於樓上，玄因
從質諸疑義，問畢辭歸。〔註92〕

馬融是古學大師，可是也不能不研習流行的讖緯之學。因爲讖緯既爲帝王所
重視，經師爲了自己的前途，不得不研習讖緯，這是不分今古學都一樣的。
否則只好如桓譚、鄭興一般，因爲不善讖而失意於仕途（詳一章三節：〈陰陽
五行說及讖緯影響兩漢經說的原因〉）。

在陰陽五行說方面的例子，如〈堯典〉說：「鞭作官刑，朴作教刑。」〔註
93〕馬融注：

立秋乃施鞭朴。〔註94〕

〈多士〉說：「旻天大降喪於殷。」〔註95〕馬融注：

秋曰旻天，秋氣殺也。方言降喪，故稱旻天也。〔註96〕

這是陰陽五行說中的四時功能說，秋氣殺，適合用刑及征伐。又如〈堯典〉
說：「在璿璣玉衡，以齊七政。」〔註97〕馬融注：

璿，美玉也。璣，渾天儀，可旋轉，故曰璣。衡，其中衡莦，所以
視星宿也。以璿爲璣，以玉爲衡，蓋貴天象也。七政者，北斗七星。
各有所主：第一曰主日，法天；第二曰主月，法地；第三曰命火，
謂熒惑也；第四曰伐水，謂辰星也；第五曰煞土，謂填星也；第六
曰危木，謂歲星也；第七曰罰金，謂太白也。日月五星各異，故名

〔註91〕《後漢書》，卷36，頁1237。
〔註92〕《後漢書》，卷35，頁1207。
〔註93〕《尚書注疏》，卷3，頁14上。
〔註94〕馬注見虞世南《北堂書鈔》（臺北：臺灣商務印書館，1983年，影印文淵閣《四庫全書》本）卷45，頁2上。
〔註95〕《尚書注疏》，卷16，頁1下。
〔註96〕馬注見《釋文》，此據《尚書今古文注疏》引錄，卷20，頁424。
〔註97〕《尚書注疏》，卷3，頁4下。

> 七政也。日月星皆以璿璣玉衡度知其盈縮進退失政所在。聖人謙讓，
> 猶不自安，視璿璣玉衡以驗齊日月五星行度，知其政是與否，重審
> 己之事也。〔註98〕

以日喻天，以月喻地，以五行說五星，以璿璣來觀察行星，以便「知其政是與否」，是本於陰陽五行之說。

　　所以就大體上來說，後起的古文《尚書》說，確實比伏生一脈傳下來的今文《尚書》說平實。但今文說之中也有平實的成分，同樣，古文說之中也有不平實的成分，應當分別觀看。

第七節　結論

　　武帝以利祿來獎勵經學，通經可以致用，是漢代經學日就昌明的關鍵性原因。也正因為通經致用，使漢代今文《尚書》說染上極為濃厚的政治色彩。後人看來種種怪誕的讖緯陰陽五行災異之說，卻正是當日的經世致用之學（詳二章四節：〈讖緯影響下的經說〉，五節：〈陰陽五行說影響下的經說〉）。古文不立於學官，反而能免除許多通經致用所引起的弊病。兩漢《尚書》說從今文的「怪異」轉變為古文的「平實」，除了經學思想的變遷以外，通經致用與否也是原因之一。

　　治經講求兼通，是漢代經學日益昌明以後必然走上的路子。經說字數的增加，則是經說日趨詳密以後的結果。治經講求兼通，經說日漸詳密，正象徵了經師學術造詣的進步。經說的兼通與字數的增加，也曾受到論難風氣的影響。

　　夏侯建的分家，是因為他治經講求會通，參考了五經諸儒的說法，使他的經說不同於夏侯勝所致。他這麼做，據他自己說是為了論難應敵。治經講求兼通為學術發展大勢所必趨，論難應敵則是當日客觀情勢的需要。除此之外，利祿及通經致用也是造成經說分立的重要因素。經學既然成了祿利之途，經師另創一說，自成一個新的體系，就有希望立於學官。所以漢儒雖極重師法，而分立出來的家派，卻都是違背師說的，除了經學上的見解有所歧異之外，利祿的誘惑也是造成分立的重要原因。今文經學既立於學官，今文經師有很多從政的機會，部分經說，顯然是為了通經致用而創立的。例如〈堯典〉

〔註98〕馬注見《書疏》及《史記索隱》，此據《尚書今古文注疏》引錄，卷1，頁36。

說堯爲了考驗舜的才能，「納于大麓，烈風雷雨弗迷。」〔註99〕伏生及歐陽說以麓爲山麓，和馬融、鄭玄古文說以麓爲山足相同。大、小夏侯說則以大麓爲大錄，以爲大錄是居三公之位。《漢書·于定國傳》說：「上（元帝）報定國曰：『萬方之事，大錄于君。』」當時于定國正爲丞相（詳二章二節：〈尚書神聖化〉）。依伏生及歐陽說，大麓沒有特殊含意，依大、小夏侯說，卻可以作爲行政措施在經書上的依據。這一類差異，無疑也是經說分立的重要原因。

　　經學昌明之後，治經講求兼通的風氣日漸普徧。但是西漢以來，經分數家，家有數說，經說多的一經達到百萬餘言。一般學者實在難以通習五經，遑論兼通今古文及數家說法。所以東漢以來的經師，紛紛刪減前人的章句。這種趨勢的結果，終於導致今古文的合流。

　　觀察今古文《尚書》說的內容，今文家的說法，其神奇怪誕的成分，確實比古文家爲多，不過其中也有少部分平實的說法。古文家的說法雖比較樸實，但也有一些怪異的經說。除了爲迎合帝王口胃以外，也和當時學術思潮有關。以王充之「疾虛妄」，經常批評陰陽家說法的不合理，尚且爲董仲舒設土龍以求雨辯護；〔註100〕以揚雄之尚自然，尚且附和李尋，而言鼓妖，〔註101〕所以古文《尚書》說含有怪誕的成分，並不足奇，也可見得擺脫流行思想的影響是極不容易的。

〔註99〕《尚書注疏》，卷3，頁2下。
〔註100〕《論衡校釋·亂龍篇》，卷16，頁691～703。
〔註101〕哀帝建平二年（5年）四月乙亥朔，朱博爲丞相，趙玄爲御史大夫。臨延登受策，有大聲如鍾鳴，上以問揚雄、李尋。李尋以爲即〈洪範〉之所謂鼓妖，揚雄亦以爲鼓妖，聽失之象也。見《漢書·五行志》，卷27中之下，頁1429。

下編　兩漢《尚書》學對當時政治的影響

第五章 兩漢《尚書》學對當時施政的影響（一）

第一節 儒家的獨專與通經致用

《史記·陸賈列傳》載：

> 陸生時時前說稱《詩》、《書》。高帝罵之曰：「迺公居馬上而得之，安事《詩》、《書》！」陸生曰：「居馬上得之，寧可以馬上治之乎？且湯、武逆取而以順守之，文武並用，長久之術也。昔者吳王夫差、智伯極武而亡，秦任刑法不變，卒滅趙氏。鄉使秦已并天下，行仁義，法先聖，陛下安得而有之？」高帝不懌，而有慙色。〔註1〕

陸賈的話，業已為日後儒家的得勢透露了訊息。漢初的典章制度大部分沿用秦制（詳第七、八章），如果再採用法家的精神治國，「剛毅戾深，事皆決於法，刻削毋仁恩和義。」〔註2〕就無異步上秦的老路子，這是漢初人所最忌諱的。在其他各家之中，墨家「儉而難遵」，名家「苛察繳繞」，道家清靜無為，陰陽家「拘而多所畏」，〔註3〕雖然都有獨到的哲理，卻都缺乏施政安民的良好辦法，主張也多近於偏激，難以令全民信奉。惟有儒家注重前朝的典章制度，又能斟酌當時情形，加以適當的損益，使其平易合理，可為朝野上下所接受。儒家提倡仁義忠恕之道，可以「列君臣父子之禮，序夫婦長幼之

〔註1〕 《史記·陸賈列傳》，卷97，頁2699。
〔註2〕 《史記·秦始皇本紀》，卷6，頁238。
〔註3〕 司馬談，《論六家要指》，見《史記·太史公自序》，卷130，頁3289～3291。

別。」〔註4〕生聚教訓之策，足以內裕民生而外服四夷。所以除了在漢初，因為經過大亂之後，人民急需休養生息，為了因應這種要求，採用道家清靜無為的哲理，作為治國的最高指導原則外，武帝以後，儒家始終居於正統地位，經義成為漢代治國的最高指導原則。〔註5〕

叔孫通、陸賈、賈誼等人，都是在漢初提倡儒家思想的學者。但直到武帝的時侯，儒家才取得獨尊的地位，這是件影響極其深遠的措施，是一件畫時代的決策。在這個決策前後，有幾項重要的決定：《漢書・武帝紀》載，建元元年（前140年）冬十月，詔丞相、御史、列侯、中二千石、二千石、諸侯相舉賢良方正，能直言極諫之士。丞相衛綰奏所舉賢良或治申、商、韓非、蘇秦、張儀之言，亂國政，請皆罷，奏可。建元五年（前136年），置五經博士。《史記・儒林列傳》載，田蚡為丞相，絀黃老刑名百家之言，延文學儒者數百人。獨尊儒術的決策，是董仲舒所建議，他在〈賢良文學對策〉中說：

> 臣愚以為諸不在六藝之科，孔子之術者，皆絕其道，勿使並進，邪
> 僻之說滅息，然後統紀可一，而法度可明，民知所從矣。〔註6〕

從此以後，二千年來，儒家定於一尊。獨尊儒術的原則既定，公孫弘奉命與太常及博士商議為博士置弟子，地方設學校。於是公孫弘等建議：〔註7〕

> 丞相御史言：「制曰：『蓋聞導民以禮，風之以樂。婚姻者，居室之
> 大倫也。今禮廢樂崩，朕甚愍焉。故詳延天下方正博聞之士，咸登
> 諸朝。其令禮官勸學講議，洽聞興禮，以為天下先。太常議，與博
> 士弟子，崇鄉里之化，以廣賢材焉。』謹與太常臧、博士平等議曰：
> 聞三代之道，鄉里有教，夏曰校，殷曰序，周曰庠。其勸善也，顯
> 之朝廷；其懲惡也，加之刑罰。故教化之行也，建首善，自京師始，
> 由內及外。……古者政教未洽，不備其禮，請因舊官而興焉。為博

〔註4〕 同前注，頁3290。

〔註5〕 在制度及治術方面，終兩漢之世，仍然保留相當濃厚的法家色彩，這便是宣帝所說的「以霸王道雜之」。本段曾參考沈剛伯，〈秦漢的儒〉，見《大陸雜誌》，38卷9期（1969年5月），頁277～282。

〔註6〕 《漢書・董仲舒傳》，卷56，頁2523。

〔註7〕 戴師靜山在〈漢武帝抑黜百家非發自董仲舒考〉一文中說，董仲舒這次對策的時間在元光二年至四年之間（前133～131年）。公孫弘議立學校之官，在元朔五年（前124年）。此文原載《孔孟學報》，16期（1968年9月），頁171～178，後收入《梅園論學集》（臺北：臺灣開明書店，1970年），頁335～344。

士官置弟子五十人，復其身。太常擇民年十八已上，儀狀端正者，補博士弟子。郡國縣、道、邑有好文學，敬長上，肅政教，順鄉里，出入不悖所聞者，令、相、長、丞上屬所二千石，二千石謹察可者，當與計偕，詣太常，得受業如弟子。一歲皆輒試，能通一藝以上，補文學掌故缺；其高弟可以爲郎中者，太常籍奏。即有秀才異等，輒以名聞。其不事學若下材及不能通一藝，輒罷之，而請諸不稱者罰。臣謹案詔書律令下者，明天人分際，通古今之義，文章爾雅，訓辭深厚，恩施甚美。小吏淺聞，不能究宣，無以明布諭下。治禮次治掌故，以文學禮義爲官，遷留滯。請選擇其秩比二百石以上，及吏百石通一藝以上，補左右內史、大行卒史；比百石已下，補郡太守卒史；皆各二人，邊郡一人。先用誦多者，若不足，乃擇掌故補中二千石屬，文學掌故補郡屬，備員。請著功令。佗如律令。」

制曰：「可。」自此以來，則公卿大夫士吏斌斌多文學之士矣。〔註8〕

公孫弘的建議，有三個要點：一、地方設立學校。二、爲博士置弟子。三、以利祿來加以誘導。這個建議，爲武帝所採納。從此以後，經學越發昌盛，仕途上也增加了許多儒生。演變到後來，經術淺薄的公卿，不爲君主及同僚所重視。例如成帝時丞相薛宣，本傳上說：「時天子好儒雅，宣經術又淺，上亦輕焉。」〔註9〕涓勳劾奏他時，也說「宣本不師受經術」。〔註10〕相反的，大儒受到尊重，如《漢書・何武傳》載：「九江太守戴聖，《禮經》號小戴者也。行治多不法，前刺史以其大儒，優容之。」〔註11〕

儒家既已定於一尊，仕途上既已加入許多儒生，援引經義以處理政治事務，是一件很自然的事。以下列舉幾件早期顯著的例子，藉以說明漢儒通經致用的情形。《漢書・嚴助傳》載，武帝拜助爲會稽太守，助數年不通信問，武帝責問他說：

制詔會稽太守，君厭承明之廬，勞侍從之事，懷故土，出爲郡吏。會稽東接於海，南近諸越，北枕大江。間者闊焉，久不聞問，其以《春秋》對，毋以蘇秦從橫。〔註12〕

〔註8〕　《史記・儒林列傳》，卷121，頁3118～3120。
〔註9〕　《漢書・薛宣傳》，卷83，頁3393。
〔註10〕　《漢書・翟方進傳》，卷84，頁3413。
〔註11〕　《漢書・何武傳》，卷86，頁3482。
〔註12〕　《漢書・嚴助傳》，卷64上，頁2789。

武帝明白指定，要嚴助用《春秋》之義來說明他行事的依據。《漢書‧雋不疑傳》載：

> （昭帝）始元五年（前 82 年），有一男子乘黃犢車，建黃旍，衣黃襜褕，著黃冒，詣北闕，自謂衛太子。公車以聞，詔使公卿將軍中二千石雜識視，長安中吏民聚觀者數萬人。右將軍勒兵闕下，以備非常，丞相御史中二千石至者，立莫敢發言（立，當作並。王念孫有說。），京兆尹不疑後到，叱從吏收縛。或曰：「是非未可知，且安之。」不疑曰：「諸君何患於衛太子！昔蒯聵違命出奔，輒距而不納，《春秋》是之。衛太子得罪先帝，亡不即死，今來自詣，此罪人也。」遂送詔獄。天子與大將軍霍光聞而嘉之曰：「公卿大臣當用經術，明於大誼。」〔註13〕

這又是依《春秋》義行事的一個例子。《漢書‧夏侯勝傳》載：

> 昭帝崩，昌邑王嗣立，數出。勝當乘輿前諫曰：「天久陰而不雨，臣下有謀上者，陛下出，欲何之？」王怒，謂勝為祅言，縛以屬吏。吏白大將軍霍光，光不舉法。是時，光與車騎將軍張安世謀欲廢昌邑王，光讓安世，以為泄語，安世實不言，乃召問勝。勝對言：「在《洪範傳》曰：『皇之不極，厥罰常陰，時則下人有伐上者。』惡察察言，故云臣下有謀。」光、安世大驚，以此益重經術士。〔註14〕

這類通經致用的例子，在兩漢屢見不鮮，它可能是真正的理由，也可能是表面上堂皇的說辭。不論屬於那一種情形，都是儒家居於獨尊的地位，經義成為當時政治最高的指導原則以後，所必然產生的現象。

第二節 以《尚書》作為處理一般政務的依據

漢人在處理政務時，總喜歡尋找經義上的依據。這種依據，有時並非決策時的主要因素，實際上的支配力量是當時的政治情勢。他們的見解，有很合情理的，也有很荒唐的。

《漢書‧賈捐之傳》載，武帝征服南越，在元封元年（前 110 年）設立

〔註13〕《漢書‧雋不疑傳》，卷 71，頁 3037～3038。末二句荀悅《漢紀》作：「大臣當用經術士，方明於大義。」
〔註14〕《漢書》，卷 75，頁 3155。此事又載於〈五行志〉，卷 27 下之上，頁 1459～1460。

儋耳、珠崖兩郡。這兩個地方的人民經常反叛，昭帝始元五年（前 86 年），遂罷儋耳，併入珠崖。元帝初元元年（前 48 年），珠崖又反，連年不定，元帝和大臣商議派大軍去平定。待詔賈捐之以爲不當擊，元帝派侍中駙馬都尉王商責問他：

　　珠崖內屬爲郡久矣，今背畔逆節，而云不當擊，長蠻夷之亂，虧先帝功德，經義何以處之？

捐之回答說：

　　臣聞堯、舜聖之盛也，禹入聖域而不優，故孔子稱堯曰「大哉」，〈韶〉曰「盡善」，禹曰「無間」。以三聖之德，地方不過數千里，（西）被流沙，東漸于海，朔南暨聲教，迄于四海。欲與聲教則治之，不欲與者不彊治也。故君臣歌德，含氣之物，各得其宜。武丁、成王，殷、周之大仁也，然地東不過江、黃，西不過氐、羌，南不過蠻荊，北不過朔方。是以頌聲並作，視聽之類，咸樂其生，越裳氏重九譯而獻，此非兵革之所能致。及其衰也，南征不還，齊桓抹其難，孔子定其文。以至乎秦，興兵遠攻，貪外虛內，務欲廣地，不慮其害。然地南不過閩、越，北不過太原，而天下潰畔，禍卒在於二世之末，長城之歌，至今未絕。賴聖漢初興，爲百姓請命，平定天下。至孝文皇帝，閔中國未安，偃武行文，則斷獄數百，民賦四十，丁男三年而一事。……至孝武皇帝元狩六年（前 117 年），太倉之粟紅腐而不可食，都內之錢貫朽而不可校。乃探平城之事，錄冒頓以來，數爲邊害，籍兵厲馬，因富民以攘服之。西連諸國，至于安息。東過碣石，以玄菟、樂浪爲郡。北卻匈奴萬里，更起營塞，制南海以爲八郡。則天下斷獄萬數，民賦數百，造鹽鐵酒榷之利，以佐用度，猶不能足。當此之時，寇賊並起，軍旅數發，父戰死於前，子鬥傷於後，女子乘亭鄣，孤兒號於道，老母寡婦，飲泣巷哭，遙設虛祭，想魂乎萬里之外。淮南王盜寫虎符，陰聘名士，關東公孫勇等詐爲使者，是皆廓地泰大，征伐不休之故也。今天下獨有關東，關東大者，獨有齊、楚，民眾久困，連年流離，離其城郭，相枕席於道路。人情莫親父母，莫樂夫婦，至嫁妻賣子，法不能禁，義不能止，此社稷之憂也。今陛下不忍悁悁之忿，欲驅士眾，擠之大海之中，快心幽冥之地，非所以救助飢饉，保全元元也。《詩》云：「蠢爾蠻荊，

大邦爲讎。」言聖人起則後服，中國衰則先畔，動爲國家難，自古
而患之久矣，何況乃復其南方萬里之蠻乎！駱越之人，父子同川而
浴，相習以鼻飲，與禽獸無異，本不足郡縣置也。顓顓獨居一海之
中，霧露氣濕，多毒草蟲蛇水土之害，人未見虜，戰士自死。又非
獨珠厓有珠犀瑇瑁也，棄之不足惜，不擊不損威。其民譬猶魚鼈，
何足貪也。臣竊以往者羌軍言之，暴師曾未一年，兵出不踰千里，
費四十餘萬萬，大司農錢盡，乃以少府禁錢續之。夫一隅爲不善，
費尚如此，況於勞師遠攻，亡士毋功乎！求之往古則不合，施之當
今又不便，臣愚以爲非冠帶之國，〈禹貢〉所及，《春秋》所治，皆
可且無以爲。願遂棄珠厓，專用恤關東爲憂。〔註15〕

賈捐之的話中，有兩件事值得注意，也就是放棄珠厓的兩個主要理由：其一
是根據〈禹貢〉所說的疆域，認爲以堯、舜、禹三聖之德，地方不過數千里，
〈禹貢〉所不及的珠厓，自可放棄。其二是說戰爭費財傷民，舉秦皇基業不
保，漢武造成百姓傷痛、盜賊並起爲戒。又舉羌軍費財無功，作爲「勞師遠
攻，亡士無功」的先例。所以如果「不忍悁悁之忿，欲驅士眾，擠之大海之
中，快心幽冥之地，（則）非所以救助飢饉，保全元元也。」再看丞相于定國
的意見，及元帝的決斷：

對奏，上以問丞相、御史。御史大夫陳萬年以爲當擊。丞相于定國
以爲「前日興兵，擊之連年，護軍都尉、校尉及丞，凡十一人，還
者二人；卒士及轉輸死者萬人以上，費用三萬萬餘，尚未能盡降。
今關東困乏，民難搖動，捐之議是。」

於是元帝下詔說：

朕日夜惟思議者之言，羞威不行，則欲誅之；狐疑辟難，則守屯田；
通于時變，則憂萬民。夫萬民之饑餓，與遠蠻之不討，危孰大焉？且
宗廟之祭，凶年不備，況乎辟不嫌之辱哉！今關東大困，倉庫空虛，
無以相贍，又以動兵，非特勞民，凶年隨之，其罷珠厓郡。〔註16〕

于定國的意見，元帝的決策，理由都著眼於關東的困乏。從元帝所說：「萬民
之饑餓，與遠蠻之不討，危孰大焉？」可知放棄珠厓的決定，支配的因素實
際上是政治上的現實，經義上的依據反而是表面上的理由。

〔註15〕《漢書‧賈捐之傳》，卷64下，頁2830～2834。
〔註16〕同前注，頁2835。

　　然而客觀上的現實情勢是一回事，主觀上採取某種因應措施是另一回事。放棄珠崖的決定，支配的因素雖然是政治上的現實，但促使賈捐之提出這個建議，元帝作成這種決定的，則顯然深受儒家思想的影響。儒家一向反對濫於興師征伐，以爲「遠人不服，則脩文德以來之。」〔註17〕元帝「柔仁好儒」，〔註18〕以及漢廷之多儒生，是這個決定的主觀因素。《鹽鐵論‧地廣篇》記載文學反對興師卻胡、越，理由是：

> 古者天子之立於天下之中，縣內方不過千里，諸侯列國，不及不食
> 之地，〈禹貢〉至于五千里，民各供其君，諸侯各保其國，是以百姓
> 均調，而繇役不勞也。今推胡、越數千里，道路廻避，士卒勞罷。
> 故邊民有刎頸之禍，而中國有死亡之患，此百姓所以囂囂而不默也。
> 夫治國之道，由中及外，自近者始。近者親附，然後來遠，百姓內
> 足，然後卹外。〔註19〕

文學所說征胡、越則士卒勞罷，百姓囂囂。治國之道，首在求近者親附，然後來遠。基本看法和賈捐之等人相同。《後漢書‧南蠻西南夷列傳》載李固駁征日南的議論，也是考慮到軍費的龐大，及士卒征戰之苦。〔註20〕從這些事實看來，足以證明放棄珠崖的決定，一方面確實受到儒家思想的影響，不願意窮兵黷武，不顧民生的困乏。另一方面是政治上的情勢不容花龐大的軍費去征討珠崖之叛。至於引用〈禹貢〉的疆域，反而只是表面上的堂皇理由。

　　《尚書》論及周代各篇，多達十八篇，〔註21〕漢儒於研習《尚書》外，兼及周代史實，是一件很自然的事（參三章二節：〈增字解經及經義的推衍〉）。《後漢書‧公孫述列傳》載，荊邯見東方漸平，光武之兵即將西向，「以爲宜及天下之望未絕，豪傑尚可招誘，急以此時發國內精兵。」並以隗囂「卑辭事漢，喟然自以爲文王復出」爲戒，他說：

> ……隗囂遭遇運會，割有雍州，兵強士附，威加山東。遇更始政亂，
> 復失天下，眾庶引領，四方瓦解。囂不及此時推危乘勝，以爭天命，

〔註17〕《論語注疏‧季氏篇》，卷16，頁2上。
〔註18〕《漢書‧元帝紀》，卷9，頁277。
〔註19〕王利器，《鹽鐵論校注》，卷4，頁207～208。
〔註20〕《後漢書‧南蠻西南夷列傳》，卷86，頁2838～2839。
〔註21〕〈西伯戡黎〉、〈牧誓〉、〈洪範〉、〈金縢〉、〈大誥〉、〈康誥〉、〈酒誥〉、〈梓材〉、〈召誥〉、〈洛誥〉、〈多士〉、〈無逸〉、〈君奭〉、〈多方〉、〈立政〉、〈顧命〉（合〈康王之誥〉）、〈呂刑〉、〈文侯之命〉。

而退欲爲西伯之事，尊師章句，賓友處士，偃武息戈，卑辭事漢，喟然自以文王復出也。令漢帝釋關隴之憂，專精東伐，四分天下而有其三，使西州豪傑咸居心於山東，發閒使，招攜貳，則五分而有其四；若舉兵天水，必至沮潰，天水既定，則九分而有其八。陛下以梁州之地，內奉萬乘，外給三軍，百姓愁困，不堪上命，將有王氏自潰之變。臣之愚計，以爲宜及天下之望未絕，豪傑尚可招誘，急以此時發國內精兵，令田戎據江陵，臨江南之會，倚巫山之固，築壘堅守，傳檄吳、楚，長沙以南必隨風而靡。令延岑出漢中，定三輔，天水、隴西拱手自服，如此，海內震搖，冀有大利。

述以問羣臣，博士吳柱說：

昔武王伐殷，先觀兵孟津，八百諸侯不期同辭，然猶還師以待天命。未聞無左右之助，而欲出師千里之外，以廣封疆者也。

荊邯反駁他說：

今東帝無尺土之柄，驅烏合之眾，跨馬陷敵，所向輒平。不亟乘時，與之分功，而坐談武王之說，是效隗囂，欲爲西伯也。

公孫述同意荊邯的見解，準備依計而行，但由於蜀人及其弟的堅決反對，終於沒有發兵。〔註22〕吳柱的見解，自然是迂腐的。

《後漢書・光武帝紀》載，建武二年（26年），光武令大鴻臚趣上諸將「顯效未訓，名籍未立者。」將加以封賞。博士丁恭以爲不當，他說：

古帝王封諸侯不過百里，故利以建侯，取法於〈雷〉，強幹弱枝，所以爲治也。今封諸侯四縣，不合法制。〔註23〕

按：當時天下尚未平定，丁恭的議論，合乎常經，而不合時宜。張良對劉邦說得好：「天下游士離其親戚，弃墳墓，去故舊，從陛下游者，徒欲日夜望咫尺之地。」〔註24〕功臣之封，既有其現實上的需要，所以光武沒有聽從丁恭的意見。

《漢書・梅福傳》載，成帝久無繼嗣，福以爲宜建三統，封孔子之後嗣以爲殷後。援引《春秋經》，《公羊傳》，以及《尚書大傳》所記金縢之事以爲論據。以下摘錄與《尚書》有關的一段：

〔註22〕《後漢書・公孫述列傳》，卷13，頁539～540。
〔註23〕《後漢書・光武帝紀》，卷1上，頁26。
〔註24〕《史記・留侯世家》，卷55，頁2041。

臣聞存人所以自立也，壅人所以自塞也。善惡之報，各如其事。……
今成湯不祀，殷人亡後，陛下繼嗣久微，殆為此也。……昔成王以
諸侯禮葬周公，而皇天動威，雷風著災。今仲尼之廟不出闕里，孔
氏子孫不免編戶，以聖人而歆匹夫之祀，非皇天之意也。今陛下誠
能據仲尼之素功，以封其子孫，則國家必獲其福，又陛下之名，與
天亡極。何者？追聖人素功，封其子孫，未有法也，後聖必以為則，
不滅之名，可不勉哉！〔註25〕

梅福的用意雖好，而其立論，則大為可商。這個建議，未被採納。在此以前，
匡衡也曾提議以孔子後嗣為殷後，元帝因其語不合於經，沒有同意。〔註26〕

這幾則例子都表現出儒生迂腐的一面。一般來說，儒生的長處不在於通
權達變，也不在於善理職事，他們的長處在於高尚的節操，諫難不懼的勇氣，
以德化民的崇高政治理想。《論衡・程材篇》說：

儒生文吏，皆有材智，非文吏材高而儒生智下也。……儒生不習於
職，長於匡救，將相傾側，諫難不懼。……文吏以事勝，以忠負；
儒生以節優，以職劣。二者長短，各有所宜。世之將相，各有所取：
取儒生者，必軌德立化者也；取文吏者，必優事理亂者也。材不自
能則須助，須助則待勁。官之立佐，為力不足也，吏之取能，為材
不及也。〔註27〕

《論語・子罕篇》說：

可與共學，未可與適道。可與適道，未可與立。可與立，未可與權。

〔註28〕

〈子路篇〉說：

君子……及其使人也，器之。〔註29〕

儒生有他的長處，也有他的短處，決策者當用其所長，略其所短。吳柱、丁
恭雖不達權變，無害其為通古今的博士；梅福、匡衡立孔子後嗣為殷後的論
據雖然可議，無妨其為漢代名臣。所以光武雖不從丁恭的勸諫，元、成二帝
雖不採用匡衡、梅福的建議，卻並不因此輕視儒生。《管子・明法解》說：「明

〔註25〕　《漢書》，卷67，頁2924～2925。
〔註26〕　同前注，頁2926。
〔註27〕　《論衡校釋》，卷12，頁535～537。
〔註28〕　《論語注疏》，卷9，頁10上。
〔註29〕　同前注，卷13，頁10上。

主者，兼聽獨斷，多其門戶。」〔註30〕君主能於決策之前而先「兼聽」，可使
羣臣的智慧與見解，集中於君主一人，以眾智爲己智，以多方面的見解，作
爲一己的參考，待事遂而功成，皆稱主上聖明。就這點來說，某些儒生的迂
腐之論，在消極方面，也有消阻盲目衝動的功效。

對於一般性的行政措施，漢儒也經常本著他們的政治理想，利用和陰陽
五行結合了的經說，有所匡救及建議。消極方面避免朝廷的失政，積極方面
求有補於國計民生。

《漢書·王嘉傳》載，哀帝特寵董賢，屢有封賞，甚至於打算效法唐堯，
禪位於賢。〔註31〕適逢傅太后崩，帝因託傅太后遺詔，令成帝母王太后下丞
相、御史，益封賢二千戶，及賜孔鄉侯、汝昌侯、陽新侯國。丞相嘉封還詔
書，因奏封事諫上及太后：

> 臣聞爵祿土地，天之有也。《書》云：「天命有德，五服五章哉！」
> 王者代天爵人，尤宜慎之。裂地而封，不得其宜，則眾庶不服，感
> 動陰陽，其害疾自深。今聖體久不平，此臣嘉所內懼也。高安侯賢，
> 佞幸之臣，陛下傾爵位以貴之，單貨財以富之，損至尊以寵之，主
> 威已黜，府藏已竭，唯恐不足。財皆民力所爲，孝文皇帝欲起露臺，
> 重百金之費，克己不作。今賢散公賦以施私惠，一家至受千金，往
> 古以來貴臣，未嘗有此，流聞四方，皆同怨之。里諺曰：「千人所指，
> 無病而死。」臣常爲之寒心。今太皇太后以永信太后遺詔，詔丞相、
> 御史益賢戶，賜三侯國，臣嘉竊惑。山崩地動，日食於三朝，皆陰
> 侵陽之戒也。前賢已再封，晏、商再易邑，業緣私橫，求恩已過厚，
> 求索自恣，不知厭足，甚傷尊尊之義，不可以示天下，爲害痛矣！……
> 〔註32〕

王嘉的諫諍，觸怒了哀帝，後來以薦人不當的藉口下獄，嘉繫獄二十餘日，
不食嘔血而死。〔註33〕王嘉所引《尚書》，見〈臯陶謨〉。代天爵人之說，也
和〈臯陶謨〉的「天工人其代之」有關（詳三章三節：〈以漢律古〉）。

《後漢書·陳忠列傳》載，忠爲尚書僕射，時安帝數遣黃門常侍及中使

〔註30〕 題管仲撰，房玄齡注，《管子》（臺北：臺灣商務印書館，1983 年，影印文淵
閣《四庫全書》本），卷21，頁 14 上。
〔註31〕 《漢書·佞幸傳》，卷 93，頁 3738。
〔註32〕 《漢書·王嘉傳》，卷 86，頁 3498。
〔註33〕 同前注，頁 3502。

伯榮往來甘陵（注：「伯榮，帝乳母王聖女也。」），伯榮負寵而驕，所經郡國，
莫不迎為禮謁，又逢霖雨造成水患，百姓騷動。於是陳忠遂因水災上疏，為
地方官吏及百姓請命：

> 臣聞位非其人，則庶事不敍；庶事不敍，則政有得失；政有得失，
> 則感動陰陽，妖變為應。陛下每引災自厚，不責臣司，臣司狃恩，
> 莫以為負。故天心未得，隔并屢臻。青、冀之域，淫雨漏河；徐、
> 岱之濱，海水盆溢；兗、豫蝗蠭滋生，荊、揚稻收儉薄，并、涼二
> 州，羌戎叛戾。加以百姓不足，府帑虛匱，自西徂東，杼柚將空。
> 臣聞〈洪範〉五事，一曰貌，貌以恭，恭作肅，貌傷則狂，而致常
> 雨。《春秋》大水，皆為君上威儀不穆，臨蒞不嚴，臣下輕慢，貴倖
> 擅權，陰氣盛彊，陽不能禁，故為淫雨。陛下以不得親奉孝德皇園
> 廟，比遣中使致敬甘陵，朱軒軿馬，相望道路，可謂孝至矣。然臣
> 竊聞使者所過，威權翕赫，震動郡縣，王侯二千石至為伯榮獨拜車
> 下，儀體上僭，侔於人主。長吏惶怖譴責，或邪諂自媚，發人修道，
> 繕理亭傳，多設儲跱，徵役無度。老弱相隨，動有萬計；賂遺僕從，
> 人數百匹。頓踣呼嗟，莫不叩心。河閒託叔父之屬，清河有陵廟之
> 尊，及剖符大臣，皆猥為伯榮屈節車下。陛下不問，必以陛下欲其
> 然也。伯榮之威，重於陛下，陛下之柄，在於臣妾，水災之發，必
> 起於此。……臣願明主嚴天元之尊，正乾剛之位，職事巨細，皆任
> 賢能，不宜復令女使干錯萬機。……若國政一由帝命，王事每決於
> 己，則下不得偪上，臣不得干君，常雨大水，必當霽止，四方眾異，
> 不能為害。〔註34〕

陳忠的奏疏，沒有被安帝重視。他立論的根據，本於《洪範五行傳》。

　　《後漢書・樊準列傳》載，安帝永初之初，連年水旱災異，郡國多被飢
困，準上疏說：

> 臣聞《傳》曰：「飢而不損，茲曰太，厥災水。」《春秋穀梁傳》曰：
> 「五穀不登，謂之大侵。大侵之禮，百官備而不製，群神禱而不祠。」
> 由是言之，調和陰陽，寔在儉節。朝廷雖勞心元元，事從省約，而
> 在職之吏，尚未奉承。夫建化致理，由近及遠，故《詩》曰：「京師
> 翼翼，四方是則。」今可先令太官、尚方、考功、上林池籞諸官，

〔註34〕　《後漢書・陳忠列傳》，卷46，頁1562～1563。

實減無事之物，五府調省中都官吏京師作者。如此則化及四方，人勞省息。伏見被災之郡，百姓凋殘，恐非賑給所能勝贍，雖有其名，終無其實。可依征和元年故事，遣使持節慰安。尤困乏者，徙置荊、揚孰郡，既省轉運之費，且令百姓各安其所。今雖有西屯之役，宜先東州之急，如遣使者與二千石隨事消息，悉留富人，守其舊土，轉尤貧者過所衣食，誠父母之計也。顧以臣言下公卿平議。〔註35〕

樊準因連年水旱，疏文消極方面請求節省用度，積極方面建議派員慰安困乏的百姓，並將特別貧困者遷徙到富庶的地方去。這個建議，為鄧太后所採納，並且把公田分給貧窮的人。疏文所引《傳》曰，是《洪範五行傳》文。

　　從王嘉的奏書中，可以看出儒生諫諍不懼的本色。從陳忠及樊準的奏疏中，可知儒生經常站在老百姓的立場，陳訴民間疾苦，要求當局在施政時應顧及平民的生活。

　　處理政治案件時，漢人也常援引經義。由於這是人事問題，所以經義往往只是表面上的理由，決定性的因素常常是政治上的恩怨及其他原因。《漢書・賈捐之傳》載：

時中書令石顯用事，捐之數短顯，以故不得官，後稀復見。而長安令楊興新以材能得幸，與捐之相善。捐之欲得召見，……興曰：「顯鼎貴，上信用之。今欲進，弟從我計，且與合意，即得入矣。」捐之即與興共為薦顯，……又共為薦興，……石顯聞知，白之上，（元帝）乃下興、捐之獄，令皇后父陽平侯禁，與顯共雜治，奏「興、捐之懷詐偽，以上語相風，更相薦譽，欲得大位，漏泄省中語，罔上不道，《書》曰：『讒說殄行，震驚朕師。』〈王制〉：『順非而澤，不聽而誅。』請論如法。」捐之竟坐棄市，興減死一等，髡鉗為城旦。〔註36〕

這段記載說得很清楚，賈捐之棄市，是由於他早先對石顯的攻擊，石顯不受他的薦譽，一方面固然是厭惡他的人品，最重要的還是因為他不是同黨。所引《尚書》之文，出於〈堯典〉，在這裡被當作表面上的依據。

〔註35〕《後漢書・樊準列傳》，卷32，頁1127～1128。
〔註36〕《漢書・賈捐之傳》，卷64下，頁2835～2838。《漢書・賈捐之傳》所引〈王制〉，有所省改，今本作：「……順非而澤，以疑眾，殺。……此四誅者，不以聽。」

　　《漢書・陳湯傳》載，湯上書康居王侍子非王子，按驗實王子，湯下獄
當死，谷永上疏爲他開脫：

> ……戰克之將，國之爪牙，不可不重也。蓋「君子聞鼓鼙之聲，則
> 思將率之臣。」竊見關內侯陳湯，前使副西域都護，忿郅支之無道，
> 閔王誅之不加，策慮愊億，義勇奮發，卒興師奔逝，橫厲烏孫，踰
> 集都賴，屠三重城，斬郅支首，報十年之逋誅，雪邊吏之宿恥，威
> 震百蠻，武暢西海。……今湯親秉鉞，席卷喋血萬里之外，薦功祖
> 廟，告類上帝，介胄之士，靡不慕義。以言事爲罪，無赫赫之惡。《周
> 書》曰：「記人之功，忘人之過，宜爲君者也。」夫犬馬有勞於人，
> 尚加帷蓋之報，況國之功臣哉！……〔註37〕

書奏，成帝釋湯，奪爵爲士伍。所引《周書》是《尚書》逸文。陳湯得赦，
主要原因是他的功勞及才幹；而《周書》的話，也頗能打動君主的心，使他
設法做到記人之功，忘人之過。

　　漢儒對於外戚及宦官勢力的防制，對於君主行爲的匡正，由於文字較長，
另外分節敘述。

〔註37〕《漢書・陳湯傳》，卷70，頁3020～3021。

第六章 兩漢《尙書》學對當時施政的影響（二）

第一節 以《尙書》作爲諫諍君主行爲的依據

諫諍向爲儒家所重視，甚至視爲孝行之一。《孝經・諫諍章》說：「昔者天子有爭臣七人，雖無道，不失其天下。」又說：「故當不義，則子不可以不爭於父，臣不可以不爭於君。」〔註1〕這種思想，也爲漢儒所認同。「諫書」一詞，即出於《漢書・儒林傳》，王式以《詩》三百五篇當諫書。〔註2〕實際上，漢儒也利用其他經傳、前代史實、及陰陽五行說做諫書的依據。《論衡・程材篇》說：「儒生不習於職，長於匡救，將相傾側，諫難不懼。」〔註3〕這話明白的指出敢於諫諍是儒生的一種長處。

漢儒利用和陰陽五行結合了的《尙書》說，對於國家施政有所諫諍及建議，已見於第五章第一、二節，本節敘述對於君主行爲的匡諫。前人所說的諫諍，內容大部分即針對這一方面。

皇帝爲一國之主，一言一行，關係國運的盛衰。所以輔弼在左右的臣子，非常重視君主的行爲，經常有所勸諫。《尙書・無逸》，就是專爲告誡時王不可耽於逸樂而作的。篇中說道：

〔註1〕 《孝經注疏》（臺北：藝文印書館，1976 年，影印嘉慶二十年〔1815 年〕江西南昌府學刊本），卷7，頁3下、4上。
〔註2〕 《漢書》，卷88，頁3610。
〔註3〕 《論衡校釋》，卷12，頁536～537。

周公曰：「嗚呼！君子所其無逸。先知稼穡之艱難，乃逸，則知小人
之依（依，隱痛也。《經義述聞》說。）」。……周公曰：「嗚呼！繼
自今嗣王，則其無淫于觀、于逸、于遊、于田，以萬民惟正之供。
無皇曰：『今日耽樂。』」〔註4〕

修身齊家治國平天下，是儒家所積極提倡的道理。《禮記・大學》，就在闡述
這種思想，指出「自天子以至於庶人，壹是皆以脩身爲本。」〔註5〕〈堯典〉
敘述堯的德行說：

克明俊德，以親九族。九族既睦，平章百姓。百姓昭明，協和萬邦。
黎民於變時雍。〔註6〕

也正是這種由內至外，修齊治平的思想。漢儒對於君主個人行爲的匡諫，就
是要求君主無逸，以及修齊治平思想的具體表現。

《後漢書・郅惲列傳》載，惲爲上東城門候，光武出獵，車駕夜還，惲
拒關不開。帝不得已，遂迴從東中門入。明日惲上書諫曰：

昔文王不敢槃于游田，以萬人惟憂。而陛下遠獵山林，夜以繼晝，
其如社稷宗廟何？暴虎馮河，未至之戒，誠小臣所竊憂也。〔註7〕

書奏，賜布百匹，而貶東中門候。郅惲之說，本於〈無逸〉：「文王不敢盤于
遊田，以庶邦惟正之供。」〔註8〕《後漢書・劉蒼列傳》載，明帝於永平四年
春（61年），車駕近出，觀覽城第，因擬校獵於河內，蒼上書諫曰：

臣聞時令，盛春農事，不聚眾興功。《傳》曰：「田獵不宿，食飲不
享，出入不節，則木不曲直。」此失春令者也。臣知車駕今出，事
從約省，所過吏人，諷誦〈甘棠〉之德。雖然，動不以禮，非所以
示四方也。惟陛下因行田野，循視稼穡，消搖仿佯，弭節而旋。至
秋冬乃振威靈，整法駕，備周衛，設羽旄。《詩》云：「抑抑威儀，
惟德之隅。」臣不勝憤懣，伏自手書，乞詣行在所，極陳至誠。〔註9〕

明帝覽奏，即刻還宮。劉蒼是明帝的親弟，時爲驃騎將軍，位在三公上。劉
蒼所引《傳》曰，是《洪範五行傳》文。光武和明帝都是英明的君主，聽從

〔註4〕　《尚書注疏》，卷16，頁9上、14上～14下。
〔註5〕　《禮記注疏》，卷60，頁1下。
〔註6〕　《尚書注疏》，卷2，頁7下～8上。
〔註7〕　《後漢書》，卷29，頁1031。
〔註8〕　《尚書注疏》，卷16，頁13上。
〔註9〕　《後漢書》，卷42，頁1434。

了臣下的勸諫。若是遇到一位無道的君主，就不一定會聽從臣下的諫諍。《後漢書・陳蕃列傳》載，桓帝延熹六年（163 年），車駕幸廣成校獵，蕃上疏諫曰：

> 臣聞人君有事於苑囿，唯仲秋西郊，順時講武，殺禽助祭，以敦孝敬。如或違此，則爲肆縱。故皋陶戒舜「無教逸遊」，周公戒成王「無槃于遊田」。虞舜、成王，猶有此戒，況德不及二主者乎！夫安平之時，尚宜有節，況當今之世，有三空之戹哉！田野空，朝廷空，倉庫空，是謂三空。加兵戎未戢，四方離散，是陛下焦心毀顏，坐以待旦之時也。豈宜揚旗曜武，騁心輿馬之觀乎！又秋前多雨，民始種麥。今失其勸種之時，而令給驅禽除路之役，非賢聖恤民之意也。齊景公欲觀於海，放乎琅邪，晏子爲陳百姓惡聞旌旗輿馬之音，舉首嚬眉之感，景公爲之不行。周穆王欲肆車轍馬跡，祭公謀父爲誦〈祈招〉之詩，以止其心。誠惡逸遊之害人也。〔註10〕

書奏，不納。陳蕃諫書，在《尚書》方面所依據的是〈皋陶謨〉：「無教逸欲有邦。」〈無逸〉：「繼自今嗣王，則其無淫于觀、于逸、于遊、于田。」〔註11〕從以上所引劉蒼諫明帝，及陳蕃諫桓帝書來看，可知陰陽五行說已經巧妙的和經書結合在一起。其中的四時功能說——春天是生養萬物的時候，不宜田獵，對於節制國君免於過度遊獵，確實發揮了相當大的作用。桓帝雖不聽陳蕃之諫校獵，但並不表示儒生諫諍的無用。先前，桓帝即曾接納陳蕃之諫，爲出宮女五百餘人。〔註12〕所以儒生的諫諍，雖然不能保證君主每件都必然採納，但對於君主可能造成的過失，則確乎有它相當程度的匡救作用。

　　本於儒家修齊治平的思想，作爲一個君主，自也不能不齊其家（後宮），而有以節其欲，否則不僅戕害其身心，尤易造成朝政的紊亂。成帝之失德，即在於好色過甚，所以杜欽、谷永等人，屢陳女戒。谷永雖黨於王氏，所上奏疏，但匡諫成帝自身與後宮而已，但卻是成帝的病根所在。谷永善言災異，奏疏中充滿陰陽五行之說，也足以代表漢人的思想，所以不嫌其長，摘錄其中之一：

> 竊聞明王即位，正五事，建大中，以承天心，則庶徵序於下，日月

〔註10〕《後漢書》，卷 66，頁 2162～2163。
〔註11〕《尚書注疏》，卷 4，頁 21 下；卷 16，頁 14 上～14 下。
〔註12〕《後漢書・陳蕃列傳》，卷 66，頁 2162。

理於上，如人君淫溺後宮，般樂游田，五事失於躬，大中之道不立，則咎徵降而六極至。凡災異之發，各象過失，以類告人。迺十二月朔戊申，日食婺女之分，地震蕭牆之內，二者同日俱發，以丁寧陛下，厥咎不遠，宜厚求諸身。意豈陛下志在閨門，未邱政事，不慎舉錯，妻失中與？內寵大盛，女不遵道，嫉妬專上，妨繼嗣與？古之王者，廢五事之中，失夫婦之紀，妻妾得意，謁行於內，勢行於外，至覆傾國家，或亂陰陽。昔褒姒用國，宗周以喪；閻妻驕扇，日以不臧。此其效也。《經》曰：「皇極，皇建其有極。」《傳》曰：「皇之不極，是謂不建，時則有日月亂行。」

陛下踐至尊之祚，爲天下主；奉帝王之職，以統羣生；方內之治亂，在陛下所執。誠留意於正身，勉強於力行，損燕私之閒，以勞天下，放去淫溺之樂，罷歸倡優之笑，絕卻不享之義，慎節游田之虞。起居有常，循禮而動，躬親政事，致行無倦，安服若性。《經》曰：「繼自今嗣王，其毋淫于酒，毋逸于游田，惟正之共。」未有身治正而臣下邪者也。夫妻之際，王事綱紀，安危之機，聖王所致慎也。昔舜飭正二女，以崇至德；楚莊忍絕丹姬，以成伯功；幽王惑於褒姒，周德降亡；魯桓脅於齊女，社稷以傾。誠修後宮之政，明尊卑之序，貴者不得嫉妬專寵，以絕驕嫚之端，抑褒、閻之亂，賤者咸得秩進，各得厥職，以廣繼嗣之統，息〈白華〉之怨。後宮親屬，饒之以財，勿與政事，以遠皇父之類，損妻黨之權，未有閨門治而天下亂者也。……臣聞災異，皇天所以譴告人君過失，猶嚴父之明誡。畏懼敬改，則禍銷福降；忽然簡易，則咎罰不除。《經》曰：「饗用五福，畏用六極。」《傳》曰：「六沴作見，若不共御，六罰既侵，六極其下。」今三年之間，災異鋒起，小大畢具，所行不享上帝，上帝不豫，炳然甚著。不求之身，無所改正，疏舉廣謀，又不用其言，是循不享之跡，無謝過之實也，天責愈深。此五者，王事之綱紀，南面之急務，唯陛下留神。〔註13〕

谷永此疏，多本《洪範五行傳》立說。谷永所說：「意豈陛下志在閨門，未邱政事，不慎舉錯，妻（屢）失中與？」「誠留意於正身，勉強於力行，損燕私之閒，以勞天下。」均是針對成帝病根，加以針砭。所以谷永雖黨於王氏，

〔註13〕《漢書・谷永傳》，卷85，頁3443～3450。

而其言論則確乎可爲成帝之藥石。關於這一點，王夫之《讀通鑑論》評論得很中肯，他說：

> 永，王氏之私人也。其心，王氏之心也。若其言，則固成帝膏肓之藥石，可以起漢於死而生者也。……使帝感永之言，悔過自艾，正己齊家而憂社稷，賢臣進，庶務理，民情悅以戴漢而不忘，權姦之謀自日以寢，而豈必誅戮放廢以傷母氏之心乎？故曰：「君子不以人廢言。」永之諫不行，雖忘軀憂國之臣與姦賊爭死生，而無救於禍敗。則讀永書者，勿問其心可也。〔註14〕

漢儒諫諍的方式可以很委婉而間接。如同王式利用教授《詩經》的機會進行微諫一樣，援引《尚書》作諫書時，不一定要針對特定的事件，正式上疏勸諫。從容宴樂之際，就可以委婉的表達諫諍的意思。《漢書‧敘傳》載：

> 自大將軍（王鳳）薨後，富平、定陵侯張放、淳于長等始愛幸，出爲微行，行則同輿執轡，入侍禁中，設宴飲之會，及趙、李諸侍中，皆引滿舉白，談笑大噱。時乘輿幄坐張畫屏風，畫紂醉踞妲己作長夜之樂。上（成帝）以（班）伯新起，數目禮之，因顧指畫而問伯：「紂爲無道，至於是虖？」伯對曰：「《書》云：『迺用婦人之言。』何有踞肆於朝？所謂眾惡歸之，不如是之甚者也。」上曰：「苟不若此，此圖何戒？」伯曰：「『沈湎于酒』，微子所以告去也；『式號式呼』，〈大雅〉所以流連也。《詩》、《書》淫亂之戒，其原皆在於酒。」上迺喟然歎曰：「吾久不見班生，今日復聞讜言。」〔註15〕

《後漢書‧劉寬列傳》載：

> 靈帝頗好學藝，每引見寬，常令講經。寬嘗於坐被酒睡伏，帝問：「太尉醉邪？」寬仰對曰：「臣不敢醉，但任重責大，憂心如醉。」帝重其言。〔註16〕

「任重責大，憂心如醉。」本於《詩‧小雅‧節南山》：「憂心如醒，誰秉國成？」劉寬的話所蘊含的意思，千迴百折，匡諫之誠，可抵千言萬語，無怪乎靈帝「重其言」。班伯所說婦人與酒，也正是成帝的毛病，借古諷今，而無礙於人主的顏面，所以令成帝心折而歎。

〔註14〕《讀通鑑論》（臺北：里仁書局，1985年），卷5，頁121～122。
〔註15〕《漢書》，卷100上，頁4200～4201。
〔註16〕《後漢書》，卷25，頁887。

第二節　以《尚書》作爲防制外戚與宦官權勢的依據

外戚與宦官的弄權，爲兩漢政治中的大問題。因此在兩漢儒生的奏疏中，經常建議皇帝抑外戚，退宦官，勸諫君主切勿過於寵封后族。《漢書・鄭崇傳》載，哀帝欲封祖母傅太后從弟商，崇諫曰：

> 孝成皇帝封親舅五侯，天爲赤黃晝昏，日中有黑氣。今祖母從昆弟二人已侯，孔鄉侯皇后父，高武侯以三公封，尚有因緣。今無故欲復封商，壞亂制度，逆天人心，非傅氏之福也。臣聞師曰：「逆陽者厥極弱，逆陰者厥極凶短折。犯人者有亂亡之患，犯神者有疾天之禍。」故周公著戒曰：「惟王不知艱難，唯耽樂是從，時亦罔有克壽。」故衰世之君天折蚤沒，此皆犯陰之害也。臣願以身命當國咎。〔註17〕

書奏，傅太后大怒說：「何有爲天子乃反爲一臣所顓制邪！」因此他的諫諍不被接納。他所引據的，是《洪範五行傳》及〈無逸〉。〔註18〕

《後漢書・第五倫列傳》載，章帝初立，以倫爲司空。時章帝尊崇舅氏馬廖，兄弟並居職任，廖等傾身交結，冠蓋之士，爭赴趣之。倫以后族過盛，欲令朝廷抑損其權，上疏說：

> 臣聞忠不隱諱，直不避害，不勝愚狷，昧死自表。《書》曰：「臣無作威作福，其害于而家，凶于而國。」《傳》曰：「大夫無境外之交，束脩之饋。」近代光烈皇后，雖友愛天至，而卒使陰就歸國，徙廢陰興賓客。其後梁、竇之家，互有非法，明帝即位，竟多誅之。自是洛中無復權戚，書記請託，一皆斷絕。又譬諸外戚曰：「苦身待士，不如爲國。戴盆望天，事不兩施。」臣嘗刻著五藏，書諸紳帶。而今之議者，復以馬氏爲言。竊聞衛尉廖以布三千匹，城門校尉防以錢三百萬，私贍三輔衣冠，知與不知，莫不畢給。又聞臘日亦遺其在洛中者，錢各五千。越騎校尉光，臘用羊三百頭，米四百斛，肉五千斤。臣愚以爲不應經義，惶恐不敢不以聞。陛下情欲厚之，亦宜所以安之。臣今言此，誠欲上忠陛下，下全后家，裁蒙省察。〔註19〕

後來馬防爲車騎將軍，當出征西羌，倫又上疏諫，以爲貴戚可封侯以富之，不當職事以任之。第五倫的諫諍，雖然不爲章帝所採納，卻自有提醒君主防

〔註17〕《漢書》，卷 77，頁 3255。
〔註18〕《尚書注疏》，卷 16，頁 12 下。
〔註19〕《後漢書》，卷 41，頁 1398～1399。

止權柄外移的作用。他在疏中所引用的《尚書》經文，見於〈洪範〉。〔註20〕

《後漢書‧楊賜列傳》載，賜爲光祿勳，熹平元年（172 年），青蛇現於御座，靈帝以問賜，賜上封事說：

> 臣聞和氣致祥，乖氣致灾。休徵則五福應，咎徵則六極至。夫善不妄來，灾不空發。王者心有所惟，意有所想，雖未形顏色，而五星以之推移，陰陽爲其變度。以此而觀，天之與人，豈不符哉！《尚書》曰：「天齊乎人，假我一日。」是其明徵也。夫皇極不建，則有蛇龍之孽。《詩》云：「惟虺惟蛇，女子之祥。」故《春秋》兩蛇鬬於鄭門，昭公殆以女敗；康王一朝晏起，〈關雎〉見幾而作。夫女謁行則讒夫昌，讒夫昌則苞苴通，故殷湯以之自戒，終濟亢旱之灾。惟陛下思乾剛之道，別內外之宜，崇帝乙之制，受元吉之祉，抑皇甫之權，割豔妻之愛，則蛇變可消，禎祥立應。殷戊、宋景，其事甚明。〔註21〕

楊賜的立說依據，主要是《洪範五行傳》。楊賜引《洪範五行傳》蛇龍之孽，《詩‧小雅‧斯干》的「惟虺惟蛇，女子之祥。」推得的結論是：「抑皇甫之權，割豔妻之愛。」而謝弼因青蛇現於前殿，大風拔木，在上給靈帝的封事中，也引《洪範五行傳》蛇龍之孽及〈小雅‧斯干〉，推得的結論卻是：「伏惟皇太后定策宮闈，援立聖明。《書》云：『父子兄弟，罪不相及。』竇氏之誅，豈宜咎延太后？幽隔空宮，愁感天心，如有霧露之疾，陛下當何面目以見天下？」〔註22〕這是上編三章一節：〈諫書思想下的經說〉中所說的因事解經，也正如皮錫瑞所說：「上天示異，初不明言，大臣因事納忠，亦非一端而已。」〔註23〕楊賜和謝弼的奏疏，都沒有被採納。

東漢的宦官，權勢極重。安帝時，中常侍樊豐，侍中周廣、謝惲等弄權不法，太尉楊震屢次上疏陳其不法，安帝不從。豐、惲等遂無所顧忌，詐作詔書，動用公家財力，各起家舍園池廬觀。適逢地震，楊震因此上疏安帝說：

> 臣蒙恩備台輔，不能奉宣政化，調和陰陽，去年十二月四日，京師地動。臣聞師言：「地者陰精，當安靜承陽。」而今動搖者，陰道盛

〔註20〕《尚書注疏》，卷 12，頁 15 下。
〔註21〕《後漢書》，卷 54，頁 1776。
〔註22〕《後漢書‧謝弼列傳》，卷 57，頁 1858～1859。
〔註23〕《今文尚書考證》，卷 7，頁 220。

也。其日戊辰，三者皆土，位在中宮，此中臣近官盛於持權用事之象也。臣伏惟陛下以邊境未寧，躬自菲薄，宮殿垣屋傾倚，枝柱而已，無所興造，欲令遠近咸知政化之清流，商邑之翼翼也。而親近倖臣，未崇斷金，驕溢踰法，多請徒士，盛修第舍，賣弄威福。道路讙譁，眾所聞見。地動之變，近在城郭，殆爲此發。又冬無宿雪，春節未雨，百僚燋心，而繕修不止，誠致旱之徵也。《書》曰：「僭，恒陽若。」「臣無作威作福玉食。」唯陛下奮乾剛之德，棄驕奢之臣，以掩訞言之口，奉承皇天之戒，無令威福久移於下。〔註24〕

楊震所引《尚書》，出自〈洪範〉。〔註25〕震屢次上書諫諍，安帝不滿，樊豐等人更是憤恨。不過因爲他是當世名儒，才沒有加害他。換作他人，就難以全身遠害了。不久有一個河間人趙騰，上書指陳得失，安帝發怒，騰遂以罔上不道的罪名棄市。〔註26〕

《後漢書・楊秉列傳》載，桓帝延熹五年（162 年），秉爲太尉，當時中常侍侯覽弟參爲益州刺史，貪贓暴虐，秉劾奏參，檻車徵詣廷尉。參惶恐，遂於道上自殺。秉因奏請屏斥中常侍侯覽及具瑗。尚書召楊秉的屬下責問道：

> 公府外職，而奏劾近官，經典漢制，有故事手？

秉使對曰：

> 《春秋》：趙鞅以晉陽之甲逐君側之惡。《傳》曰：「除君之惡，唯力是視。」鄧通慢慢，申屠嘉召通詰責，文帝從而請之。漢世故事，三公之責，無所不統。

尚書不能詰。帝不得已，竟免覽官而削瑗國。〔註27〕

然而，漢儒只能依靠諫諍及劾奏的方式，消極的暫時消滅宦官的氣勢而已，卻無法從根本上改革這種制度。王夫之《讀通鑑論》有一段話可供參考，他說：

> 臣姦之蠹國殃民而自伏其法，不足以爲大快，於國之存亡無當也。左悺自殺，具瑗貶，侯覽黜，非桓帝之能誅之，非楊秉之能取必於桓帝而誅之，罪已踰涯，自滅焉耳矣。三凶去而宦官之勢益張，黨

〔註24〕《後漢書・楊震列傳》，卷54，頁1765。
〔註25〕《尚書注疏》，卷12，頁22上、15下。
〔註26〕同註24，頁1766。
〔註27〕《後漢書》，卷54，頁1773～1774。

錮之獄且起，曾何救於漢之危亡哉！外戚滅，宦官興，大臣無事焉。
〔註28〕

平情而論，漢儒無法根本解決宦官的問題，消極的諫諍及劾奏，結果不過是以暴易暴而已。但這個責任卻也不能要漢儒擔負，這問題牽涉到東漢的政治制度，及政治上的現實——皇帝利用宦官來牽制外戚。〔註29〕這是個盤根錯節的問題，我們不能苛求從政的儒生從根解決這棘手的問題。他們能經常冒著生命危險劾奏宦官，已足令後人敬佩。對於外戚問題，也應當作如是觀，才算公平。

第三節　以《尚書》作為治河及畫分地理區域的依據

禹治洪水是古代一件很流行的故事，〈禹貢〉一篇，就是記他治水經過的，這是中國地理學史上第一篇大文字。在經書當中，講地理最有系統和最有真實性的，也要推它為第一。漢代既然還沒有科學的地理學及河海工程，漢儒又慣於通經致用，於是〈禹貢〉便很自然的成為治河的依據。缺點是〈禹貢〉所說，究嫌過於簡略，只能使人知道治河要用疏導的方法，以及使人知道些水道的概況，不能給人以治水的整個計畫。

《漢書·溝洫志》載，自黃河決於瓠子（武帝元光三年，前132年），至元封二年（前109年），凡二十餘年。武帝既封禪，巡祭山川。使汲仁、郭昌發卒數萬人，塞瓠子決河。並且自臨決河，作〈瓠子之歌〉。瓠子既塞，築宮其上，取名宣防。導河北行二渠，復禹舊迹，使梁、楚之地恢復安寧，不受水災威脅。〔註30〕

過了些時候，黃河又在館陶決口，分為屯氏河，入海。元帝永光五年（前39年），黃河又決於鳴犢口，屯氏河遂絕。於是學者多說〈禹貢〉的九河，想依此開浚九河，繼續禹的功績。不過〈禹貢〉沒有明言那九河，所以馮逡、許商等人，也只好說九河既滅而難明了。〔註31〕

許商和平當，都以用〈禹貢〉治河而出名。成帝鴻嘉四年（前17年），

〔註28〕《讀通鑑論》，卷8，頁247。
〔註29〕例如桓帝因單超、左悺等人之助，而誅梁冀及其宗親黨與。見《後漢書·孝桓帝紀》，卷7，頁304～305。〈宦者單超列傳〉，卷78，頁2520。
〔註30〕《漢書·溝洫志》，卷29，頁1682～1684。
〔註31〕同前註，頁1686、1687、1690、1691。

渤海、清河、信都河水氾濫，敗官亭民舍四萬餘所，河隄都尉許商與丞相史孫禁共行視察，謀求治河方法。孫禁以爲可決平原、金隄間，開通大河，使入故篤馬河，至海五百餘里，水道浚利，又乾三郡水地。可得良田近二十餘萬頃，足以償所開傷民田廬處，又可省吏卒治隄救水歲三萬人以上。許商反對，他的理由是：

> 古說九河之名，有徒駭、胡蘇、鬲津，今見在成平、東光、鬲界中。自鬲以北至徒駭間，相去二百餘里，今河雖數移徙，不離此域。孫禁所欲開者，在九河南篤馬河，失水之迹，處勢平夷，旱則淤絕，水則爲敗，不可許。〔註32〕

許商的根據，也是「禹迹」。他的意見，獲得公卿的普遍支持，說法也很合理。谷永、李尋、解光把陰陽五行說和〈禹貢〉結合，據以解釋河患，就荒唐得很。李尋、解光說：

> 陰氣盛則水爲之長，故一日之間，晝減夜增，江河滿溢，所謂水不潤下，雖常於卑下之地，猶日月變見於朔望，明天道有因而作也。眾庶見王延世蒙重賞，競言便巧，不可用。議者常欲求索九河故迹而穿之，今因其自決，可且勿塞，以觀水勢。河欲居之，當稍自成川，跳出沙土，然後順天心而圖之，必有成功，而用財力寡。〔註33〕

治河而攙進陰陽五行說，自然是步入歧途。

成帝時，平當以經明〈禹貢〉，使行河，爲騎都尉，領河隄。哀帝初，使領河隄，他建議尋求能開河的人才說：

> 九河今皆寘滅，按經義治水，有決河深川，而無隄防壅塞之文。河從魏郡以東，北多溢決，水迹難以分明。四海之眾不可誣，宜博求能浚川疏河者。〔註34〕

這個建議雖被採納，卻沒有人來應徵。至於治河應該疏導水流入海，而不應專用堤防，與水爭地，這個原則向來被治河的專家信奉，〈溝洫志〉所載賈讓、關並等人的言論，大抵相似。〔註35〕王莽時徵能治河者，關並、韓牧、王橫也都援引〈禹貢〉立論，但都沒有施行過。〔註36〕

〔註32〕同前注，頁1690～1691。
〔註33〕同前注，頁1691。
〔註34〕同前注，頁1691～1692。
〔註35〕同前注，頁1692～1697。
〔註36〕同前注，頁1696～1697。

《後漢書・循吏列傳》載：

> （明帝）永平十二年（69 年），議修汴渠，乃引見（王）景，問以理
> 水形便。景陳其利害，應對敏給，帝善之。又以嘗修浚儀，功業有成，
> 乃賜景《山海經》、〈河渠書〉、〈禹貢圖〉，及錢帛衣物。〔註37〕

從東漢之有〈禹貢圖〉，以及治河專家每每根據〈禹貢〉陳述他們的治河辦法，
可見在漢代談治理水患的法則，有向〈禹貢〉匯集的現象，這和〈洪範〉成
為陰陽五行說總匯的情形相似。

〈禹貢〉畫分全國為九州，〈堯典〉則有「肇十有二州」之文，在漢代也影
響到地理區域的畫分。《漢書・王莽傳》載，平帝元始五年（5 年），王莽奏言：

> 臣又聞聖王序天文，定地理，因山川民俗以制州界。漢家地廣二帝
> 三王，凡十二州，州名及界多不應經。〈堯典〉十有二州，後定為九
> 州，漢家廓地遼遠，州牧行部，遠者三萬餘里，不可為九。謹以經
> 義正十二州名分界，以應正始。〔註38〕

這次是依據〈堯典〉正十二州名及分界，始建國四年（12 年），又依據〈禹貢〉
改為九州，詔書說：

> 予以不德，襲于聖祖，為萬國主。思安黎元，在于建侯，分州正域，
> 以美風俗。追監前代，爰綱爰紀，惟在〈堯典〉，十有二州，衛有五
> 服。《詩》國十五，拚徧九州。〈殷頌〉有「奄有九有」之言，〈禹貢〉
> 之九州無并、幽；《周禮・司馬》則無徐、梁。帝王相改，各有云為，
> 或昭其事，或大其本，厥義著明，其務一矣。……州從〈禹貢〉為
> 九。……〔註39〕

王莽喜歡模仿古代聖王及周公故事，他大量的改動了各地方的名稱，〔註40〕
依據《尚書》改全國為十二州、九州，只是這種更動的一部分。

光武中興，分為十三州。〔註41〕《後漢書・孝獻帝紀》建安十八年（213

〔註37〕《後漢書》，卷 76，頁 2465。

〔註38〕《漢書・王莽傳》，卷 99 上，頁 4077。

〔註39〕《漢書・王莽傳》，卷 99 中，頁 4128。

〔註40〕事詳《漢書・地理志》。

〔註41〕光武帝以前，京畿諸郡不在十三或十二州之內。司隸領州，始於光武帝建武
十八年（12 年）。說詳顧頡剛〈兩漢州制考〉，刊於《慶祝蔡元培先生六十五
歲論文集》（南京：中央研究院歷史語言研究所，1933～1934 年）。參看嚴耕
望《中國地方行政制度史上編卷上・秦漢地方行政制度》（臺北：中央研究院
歷史語言研究所，1974 年），頁 67～72。

年），復〈禹貢〉九州。注：

> 《獻帝春秋》曰：「時省幽、并州，以其郡國並於冀州。……於是兗、
> 豫、青、徐、荊、楊、冀、益、雍也。」九數雖同，而〈禹貢〉無
> 益州，有梁州、然梁、益亦一地也。〔註42〕

《集解》引胡三省說：「此曹操自領冀州牧，欲廣其所統以制天下耳。」〔註
43〕由此可知，王莽的改訂州數及其名界，出於慕古，俾應經義。曹操之復九
州，則是依託經義，以廣其地盤。

第四節　緣飾以儒術

在上述各節中，曾列舉不少援引經義處理政事的例子，也曾指出在某些
例子中，經義只是表面上的理由，它在實效方面的意義，遠不如它的裝飾作
用來得大，這便是所謂「緣飾以儒術」。以下再舉幾個例子說明這種現象。

緣飾以儒術的情形，在詔書上表現得很明顯，尤其是詔書上出現「《詩》
不云乎」、「《書》不云乎」的時候，所引用的經文多半只是用來作為裝飾。例
如宣帝下詔稱揚黃霸說：

> 潁川太守霸宣布詔令，百姓鄉化，孝子弟弟，貞婦順孫，日以眾多，
> 田者讓畔，道不拾遺，養視鰥寡，贍助貧窮，獄或八年亡重罪囚，
> 吏民鄉于教化，興於行誼，可謂賢人君子矣。《書》不云乎：「股肱
> 良哉！」其賜爵關內侯，黃金百斤，秩中二千石。〔註44〕

王莽食古不化，在這方面表現得更為突出。最有名的是居攝二年（7年），東
郡太守翟義，嚴鄉侯劉信等人討莽，莽遂模仿《尚書‧大誥》，作〈大誥〉（習
稱〈莽誥〉）。此文甚長，以下摘錄一部分，與《尚書‧大誥》（依〈莽誥〉意
斷句）作一比較。

大誥	莽誥
1.王若曰：	1.惟居攝二年十月甲子，攝皇帝若曰：
2.猷，大誥爾多邦，	2.大誥道諸侯王、三公、列侯，

〔註42〕《後漢書》，卷9，頁387。
〔註43〕王先謙，《後漢書集解》（臺北：藝文印書館，1955年，影印乾隆武英殿刊本），
卷9，頁10下。
〔註44〕《漢書‧黃霸傳》，卷89，頁3631。

3.越爾御事。	3.于汝卿大夫、元士、御事。
4.弗弔，天降割于我家，不少延。	4.不弔，天降喪于趙、傅、丁、董。
5.洪惟我幼沖人，嗣無疆大歷服。	5.洪惟我幼沖孺子，當承繼嗣無疆大歷服事。
6.弗造哲，	6.余未遭其明悊，
7.迪民康，	7.能道民於安，
8.矧曰其有能格知天命？	8.況其能往知天命？
9.已！予惟小子，若涉淵水，	9.熙！我念孺子，若涉淵水，
10.予惟往求朕攸濟。	10.予惟往求朕所濟度，
11.敷賁，敷前人受命，	11.奔走，以傅近奉承高皇帝所受命，
12.茲不忘大功，予不敢閉。	12.予豈敢自比於前人乎！
13.于天降威，用寧王，	13.天降威明，用寧帝室，
14.遺我大寶龜。	14.遺我居攝寶龜。
15.紹天明，	15.太皇太后以丹石之符，乃紹天明意，
16.即命。	16.詔予即命居攝踐祚，如周公故事。
17.曰：「有大艱于西土，西土人亦不靖。」	17.反虜故東郡太守翟義，擅興師動眾，曰：「有大難于西土，西土人亦不靖。」
18.越茲蠢殷小腆，	18.於是動嚴鄉侯信，
19.誕敢紀其敘。	19.誕敢犯祖亂宗之序。
20.天降威，知我國有疵，	20.天降威，遺我寶龜，固知我國有訾災。
21.民不康，	21.使民不安，
22.曰：「予復反鄙我周邦」。〔註45〕	22.是天反復右我漢國也。〔註46〕
（下略）	（下略）

　　緣飾以儒術的現象，也見之於行事。《尚書大傳》載：

　　　　交阯之南，有越裳國。周公居攝六年，制禮作樂，天下和平。越裳
　　　　以三象重譯而獻白雉，曰：「道路悠遠，山川阻深，音使不通，故重

〔註45〕《尚書注疏》，卷13，頁15下～17下。
〔註46〕《漢書‧翟方進傳》，卷84，頁3428～3429。

> 譯而朝。」……「吾受命吾國之黃耇曰：久矣，天之無烈風澍雨，
> 意者中國有聖人乎？有則盍往朝之？」周公乃歸之於王，稱先王之
> 神致，以薦於宗廟。〔註47〕

平帝元始元年（1 年），王莽風益州令「越裳氏」重譯獻白雉一，黑雉二，莽白太后下詔以薦宗廟。於是羣臣奏言王莽功德比周公，賜號安漢公。〔註 48〕〈金縢〉記載周公禱於先王，求以身代武王死，元始五年（5 年），平帝有疾，於是王莽作策，請命於泰畤，願以身代。〔註 49〕

在言談及行事中緣飾以儒術，是儒家居於獨尊的地位，漢儒習於通經致用以後的產物。在某些例子中雖然不具有實效方面的意義，但它卻是一種符號，符號背後所代表的是漢代君臣對於經義的尊崇。同時它也表明了，經義雖然不是漢代治國的惟一原則，卻可以說是漢人處理政事時最重要的南針。漢儒運用這些經說，替漢代政治樹立了他們心目中的理想政治的典範。

〔註47〕 《尚書大傳輯校》，卷2，頁 20 上。
〔註48〕 《漢書・平帝紀》，卷 12，頁 348～349。〈王莽傳〉，卷 99 上，頁 4046～4047。
〔註49〕 〈王莽傳〉，卷 99 上，頁 4078。

第七章　兩漢《尚書》學對當時官制的影響

　　漢朝的官制，沿自秦朝。《漢書‧百官公卿表》說：「秦兼天下，建皇帝之號，立百官之職，漢因循而不革，明簡易隨時宜也。」〔註1〕秦自商鞅相孝公以來，一直是任法的，以法家思想作為其政治制度的神髓。《韓非子‧定法篇》說：「及孝公、商君死，惠王即位，秦法未敗也。」〔註2〕可見商鞅法治思想對秦制的影響，並不因他的去位而消失。到了秦始皇，自以為得水德，更是「剛毅戾深，事皆決於法。」〔註3〕漢朝既因襲秦制，所以在政治制度上也帶有濃厚的法家色彩。

　　這種情形，為漢儒所不滿，賈誼曾經明白的提出改革的草案，《史記》本傳說：

>　　賈生以為漢興至孝文二十餘年，天下和洽，而固當改正朔，易服色，
>　　法制度，定官名，興禮樂。乃悉草具其事儀法，色尚黃，數用五，
>　　為官名，悉更秦之法。孝文帝初即位，謙讓未遑也。〔註4〕

事實上是因為一代典制既定，不逢鼎革之局，自不會輕易大加改動。因此儒家思想在兩漢政治制度中所發生的作用，是漸次發展的。例如西漢時中央設置太師、太傅、太保，地方選拔孝悌，便是依據儒家的政治思想。到了東漢，政治制度雖然大部分沿用西漢舊制，但儒家的德教思想，較西漢要濃厚得多，

〔註1〕　《漢書》，卷19上，頁722。
〔註2〕　陳奇猷，《韓非子集釋》（臺北：河洛圖書出版社，1974年），卷17，頁907。
〔註3〕　《史記‧秦始皇本紀》，卷6，頁238。
〔註4〕　《史記‧賈生列傳》，卷84，頁2492。

例如西漢地方有「三老」之設，掌鄉人之教化，但天子並不屈躬奉事，東漢則在中央就有「天子父事三老，兄事五更」的禮儀。〔註5〕以下略依《漢書‧百官公卿表》的順序，分條敘述兩漢《尚書》學對當時官制變革的影響。

一、司徒

東漢的司徒，其地位及權限，雖然遠比不上西漢的丞相，惟追溯其演變，實源自西漢的丞相。西漢的丞相，一度名爲相國，或分置左、右丞相，哀帝時更名大司徒，光武中興，改名司徒。茲將由丞相至司徒的變動，列表說明：

〔註6〕

職稱	年代	變動說明
丞相	漢高帝元年（秦二世三年，前206年）	《漢書‧百官公卿表》，高帝元年，沛相蕭何爲丞相。
相國	高帝十一年（前196年）	《漢書‧百官公卿表》，高帝九年（前198年），丞相何遷爲相國。王先謙《補注》：「何爲相國，當從〈紀〉、〈傳〉及〈表上〉在十一年。」
左丞相 右丞相	惠帝六年（前189年）	《史記‧陳丞相世家》：「孝惠帝六年，相國曹參卒，以安國侯王陵爲右丞相，陳平爲左丞相。」〔註7〕
相國 右丞相	高后七年（前181年）	《漢書‧高后紀》，七年，以梁王呂產爲相國。〈百官公卿表〉，七月辛巳，左丞相審食其爲太傅。（太傅下云：「太傅，古官。高后元年初置，金印紫綬，後省，八年復置。」）
左丞相 右丞相	文帝元年（前179年）	《漢書‧百官公卿表》，孝文元年十月辛亥，右丞相陳平爲左丞相。太尉周勃爲右丞相，八月辛未免。
丞相	文帝元年（前179年）	《史記‧陳丞相世家》，周勃不能應文帝之問，自知其能遠不如陳平，「居頃之，絳侯（周勃）謝病請免相，陳平專爲一丞相。」
大司徒	哀帝元壽二年（前1年）	《漢書‧百官公卿表》，元壽二年，丞相孔光爲大司徒。

〔註5〕 如明帝永平二年（59年）十月，明帝幸辟雍，初行養老禮，尊事三老，兄事五更。詳細的禮儀，見《後漢書‧明帝紀》，卷2，頁102～103；應劭《漢官儀》，卷下，見孫星衍等輯《漢官六種》（北京：中華書局，1990年），頁182。

〔註6〕 本表參考楊樹藩《兩漢中央政治制度與法儒思想‧丞相變動經過表》（臺北：臺灣商務印書館，1969年），加以增減而成。部分說法，改從王先謙《漢書補注》。

〔註7〕 曹參卒於惠帝五年（前190年）八月，見《漢書‧百官公卿表》。

司徒	光武帝建武二十七年（51 年）	《續漢書·百官志》，世祖即位，為大司徒，建武二十七年去大。

　　《後漢書·光武帝紀》，建武二十七年詔：「昔契作司徒，禹作司空，皆無大名，其令二府去大。」這件措施，是朱祐所建議的。《後漢書·朱祐列傳》說他「又奏宜令三公並去大名，以法經典，後遂實行。」朱祐上奏時間，在建武十五年（39 年）。〔註 8〕

　　〈堯典〉記載舜任命契作司徒：「契，百姓不親，五品不遜。汝作司徒，敬敷五教，在寬。」〔註 9〕〈堯典〉雖係後人述古之作，〔註 10〕惟漢人多將傳說中的古史視為真實的歷史，所以朱祐所說的「法經典」，他所認為最早的經典，當指《尚書·堯典》。此外在漢人所認為較早的經典中，《詩·小雅·十月之交》，〈大雅·緜〉也有司徒之官。〔註 11〕《尚書·洪範》、〈牧誓〉、〈梓材〉、〈立政〉等篇，也有司徒。至於大司徒之名，當據《周禮·地官·大司徒》，及《書序》：「穆王命君牙為周大司徒」而命名。

　　丞相的職務，《史記·陳丞相世家》說是：

　　　　上佐天子理陰陽，順四時，下育萬物之宜，外鎮撫四夷諸侯，內親
　　　　附百姓，使卿大夫各得任其職焉。〔註 12〕

司徒的職務，《續漢書·百官志》說：

　　　　本注曰：掌人民事。凡教民孝悌，遜順、謙儉，養生送死之事，則
　　　　議其制，建其度。凡四方民事功課，歲盡則奏其殿最而行賞罰。凡
　　　　郊祀之事，掌省牲視濯，大喪則掌奉安梓宮。凡國有大疑大事，與
　　　　太尉同。〔註 13〕

〔註 8〕　王先謙《後漢書集解·後漢志》（范曄《後漢書》無志，梁人劉昭取司馬彪《續漢書》之八志三十卷以補其缺，後人簡稱為《後漢志》）引周壽昌說：朱祐奏宜令三公並去大名，以法經典，奏在十五年。引文見卷 24，頁 5 上。按：王先謙《後漢書集解》、中華書局點校本《後漢書》，皆將《後漢志》置於紀、傳之後，二者之不同在於前者頁碼小（如本條），後者之頁碼大（2999 至 3684，如注 13）。本書引用《後漢志》，以點校本為主，間或引用《集解》之說，惟因二者極易分別，故本書下文注釋不一一說明版本，以免詞費。

〔註 9〕　《尚書注疏》，卷 3，頁 22 上～22 下。

〔註 10〕　翼鵬師以為，〈堯典〉的著成時代，當在孔子歿後，孟子之前。係戰國初年的儒者，根據傳說而寫成的。見《尚書釋義·敘論》。

〔註 11〕　《詩·小雅·十月之交》：「番維司徒。」〈大雅·緜〉：「乃召司徒。」

〔註 12〕　《史記》，卷 56，頁 2061～2062。

〔註 13〕　《後漢書》，卷 24，頁 3560。

應劭《漢官儀》說：

> 司徒，古官也。徒，眾也。司徒，主人眾也。〔註14〕

綜觀上引丞相、司徒的職務，與〈堯典〉所說司徒的使命，雖有繁簡的差異，就其主管民事來說，是相似的。至於兩漢從丞相變爲司徒，在權責方面的變動，併入下文司空條中敘述。

二、司空

東漢的司空，在權責方面和西漢的御史大夫有很大的不同。惟追溯司空的源流，自不能不及於御史大夫。御史大夫，有時稱爲大司空。光武中興，採納朱祐的建議，改名司空。茲先將其間職稱的變動情形，列表說明：

職稱	年代	變動說明
御史大夫	高帝元年（前206年）	《漢書・百官公卿表》，高帝元年，內史周苛爲御史大夫。
大司空	成帝綏和元年（前8年）	《漢書・成帝紀》，綏和元年四月，「（以）御史大夫爲大司空。」〈百官公卿表〉，綏和元年，廷尉何武爲御史大夫，四月乙卯爲大司空。
御史大夫	哀帝建平二年（前5年）	《漢書・哀帝紀》，建平二年春三月：「罷大司空，復御史大夫。」〈百官公卿表〉，四月戊午，大司空朱博爲御史大夫。
大司空	哀帝元壽二年（前1年）	《漢書・哀帝紀》，元壽二年五月，正三公官分職，御史大夫彭宣爲大司空。
司空	光武建武二十七年（51年）	《續漢書・百官志》，世祖即位，爲大司空，建武二十七年去大。

這件事情，和司徒的改名一樣，是朱祐在建武十五年提議，而在建武二十七年實施。〔註15〕〈堯典〉記載舜任命禹作司空的情形：

> 舜曰：「咨，四岳。有能奮庸，熙帝之載，使宅百揆，亮采惠疇？」
> 僉曰：「伯禹作司空。」帝曰：「俞咨！禹，汝平水土，惟時懋哉！」

> 〔註16〕

〔註14〕 王先謙《後漢書集解》述惠棟所引，卷24，頁4。王氏在引文後說：「劉昭用僞孔安國《尚書注》以解《漢官》，僞書出自東晉，殊不足據。」按：孫星衍等輯《漢官六種》亦未錄此條「應劭說」，然王莽改丞相爲司徒，必有所據，姑錄此說備參。
〔註15〕 同注8。
〔註16〕 《尚書注疏》，卷3，頁21上。

朱祐所說的「法經典」，他所認爲最早的經典，當指《尚書‧堯典》。此外在漢人所認爲較早的經典中，《詩‧大雅‧緜》有司空之官。〔註17〕《尚書‧牧誓》、〈洪範〉、〈梓材〉、〈立政〉等篇，也有司空。至於大司空之名，當據《周禮‧冬官》，雖然該篇在漢代已亡佚，但《周禮‧地官》既有大司徒，〈夏官〉又有大司馬，自可類推而知司空也必加大字。

西漢的御史大夫（大司空），是典正法度的監察官，《漢書‧朱博傳》說：

> 高皇帝以聖德受命，建立鴻業，置御史大夫，位次丞相，典正法度，
> 以職相參，總領百官，上下相監臨，歷載二百年，天下安寧。〔註18〕

東漢的司空，則與監察毫無關係，《續漢書‧百官志》說司空的職務爲：

> 本注曰：掌水土事，凡營城起邑，浚溝洫，修墳防之事，則議其利，
> 建其功。凡四方水土功課，歲盡則奏其殿最而行賞罰。凡郊祀之事，
> 掌掃除、樂器。大喪則掌將校復土。凡國有大造大疑諫爭，與太尉
> 同。〔註19〕

司空的職權與監察無涉，監察的職務，由御史中丞領率侍御史負責。〔註20〕東漢的司空，主要職務爲掌水土事，與〈堯典〉所說司空職務相似。

這裏需要附帶一說的，是兩漢雖均有三公之稱，但名稱及職權均不相同。西漢的三公爲太尉、丞相、御史大夫，東漢則爲太尉、司徒、司空（名號的小變動詳上表）。職權方面，武帝省太尉，更名大司馬，變爲加官，職併丞相。所以西漢雖有三公之名，實際上只有丞相和御史大夫。丞相掌政策，御史大夫掌法度。到了東漢，三公已無政策方面的實權，權歸尚書。這種趨勢，是在西漢末葉王莽掌權時形成的。應劭《漢官儀》說：「王莽時，議以漢無司徒官，故定三公之號，曰大司馬、大司徒、大司空。世祖即位，因而不改。」〔註21〕王莽的用意，在分散丞相的權力，以免權臣篡位。光武沿用王莽三公鼎立之制，政不專任一人，同時收權歸內，重用尚書，使三公位尊而權輕。其用意和王莽並無二致，誠如仲長統所說：「光武皇帝慍數世之失權，忿彊臣之竊命，矯枉過直，政不任下，雖置三公，事歸臺閣。自此以來，三公之職，備員而已。」〔註22〕

〔註17〕《詩‧大雅‧緜》：「乃召司空。」
〔註18〕《漢書》，卷83，頁3405。
〔註19〕《後漢志》，卷24，頁3561～3562。
〔註20〕《後漢志》，卷26，頁3599。參《漢書‧百官公卿表》，卷19上，頁725。
〔註21〕《漢官儀》，卷上，見《漢官六種》，頁123。
〔註22〕《後漢書‧仲長統列傳》，所引《昌言‧法誡篇》，卷49，頁1657。又本段所論，曾參考楊樹藩《兩漢中央政治制度與法儒思想》。

從上文的敘述中，可知東漢司徒、司空的定名，固然是爲了「法經典」，但職權的削弱，則受現實政治的影響。三公的權力雖已削弱，「然政有不理，猶加譴責。」〔註23〕爲補救這個缺陷，順帝採納太傅桓焉的建議，三公可入禁中省事。〔註24〕於是三公的政治地位，便又加重了一些。桓氏自桓焉的祖父桓榮，父桓郁世傳歐陽《尚書》，代爲帝師，因此也就勉強可說這是《尚書》學的間接影響，使三公的地位又抬高了一點。

三、秩宗

《漢書・王莽傳》載，始建國元年（9年），改太常爲秩宗。〔註25〕太常，在西漢有時也叫奉常。茲先將其職稱的變動情形，列表說明：

職稱	年代	變動說明
太常	高帝七年（前200年）	《漢書・百官公卿表補注》引齊召南說：唐《六典》，漢高名曰太常，惠帝復曰奉常，景帝又曰太常。據《史記・叔孫通列傳》，高帝拜通爲太常。《漢官典職》亦云惠帝改太常爲奉常，則《六典》所云自確。
奉常	惠帝	
太常	景帝中六年（前144年）	《漢書・百官公卿表》，景帝中元六年，奉常吳利爲太常。
秩宗	王莽始建國元年（9年）	《漢書・王莽傳》，始建國元年，改太常曰秩宗。

〈堯典〉記載舜任命伯夷作秩宗：

> 帝曰：「咨，四岳。有能典朕三禮？」僉曰：「伯夷。」帝曰：「俞咨！
> 伯，汝作秩宗，夙夜惟寅，直哉惟清。」〔註26〕

《漢書・百官公卿表》說奉常「掌宗廟禮儀」，所以王莽改太常叫秩宗，就職掌的相似來說，有道理可說。

四、太予樂令

太樂令是太常的屬官，明帝永平三年（60年），改名爲太予樂令。這個改

〔註23〕仲長統語，出處同前注。
〔註24〕「順帝即位，拜（桓焉爲）太傅，與太尉朱寵並錄尚書事。焉復入授經禁中，因諷見，建言宜引三公、尚書入省事，帝從之。」見《後漢書・桓焉列傳》，卷37，頁1257。
〔註25〕《漢書・王莽傳》，卷99中，頁4103。
〔註26〕《尚書注疏》，卷3，頁25上〜25下。

變是曹充所建議的。《後漢書・曹褒列傳》載：

> 顯宗即位，（曹）充上言：「漢再受命，仍有封禪之事，而禮樂崩闕，不可爲後嗣法。五帝不相沿樂，三王不相襲禮，大漢當自制禮，以示百世。」帝問：「制禮樂云何？」充對曰：「〈河圖括地象〉曰：『有漢世，禮樂文雅出。』〈尚書琁機鈐〉曰：『有帝漢出，德洽作樂，名予。』」帝善之，下詔曰：「今且改太樂官曰太予樂，歌詩曲操，以俟君子。」〔註27〕

這個改變，只是名稱上的更改，並不影響到職掌。所有這些名目上的更改，所呈現的意義，是漢儒對於經義的尊重，及盡可能使經義在現實世界中實現的努力。所謂經義，攙雜了陰陽五行、讖緯等思想，是以儒家經典爲中心思想的混合物。

五、司恭、司從、司明、司聰、司中大夫

《漢書・王莽傳》載，始建國元年（9 年），置司恭、司從、〔註28〕司明、司聰、司中大夫，以司過，策曰：

> 予聞上聖欲昭厥德，罔不愼修厥身，用綏于遠，是用建爾司于五事。
>
> 毋隱尤，毋將虛，好惡不愆，立于厥中。於戲，勖哉！〔註29〕

這五大夫是諫官，命名的根據，本於〈洪範〉的五事：

> 五事：一曰貌，二曰言，三曰視，四曰聽，五曰思。貌曰恭，言曰從，視曰明，聽曰聰，思曰睿。恭作肅，從作乂，明作哲，聰作謀，睿作聖。〔註30〕

司恭本於貌曰恭，司從本於言曰從，司明本於視曰明，司聰本於聽曰聰。不說司睿而說司中，可能是本於《洪範五行傳》（詳下文），古人習慣上以爲用心思想，而不是用頭腦（這習慣還流傳到現在，如說「不用心」、「心亂」、「心神不集中」等）。對於一個人來說，五事之中，自以心思爲根本，心誠意正，自然帶動貌言視聽的恭從明聰。《漢書・五行志》說：

〔註27〕《後漢書・曹褒列傳》，卷 35，頁 1201。
〔註28〕司從誤作司徒。《補注》引劉攽說：「徒改從。」齊召南說：「司徒當作司從，與聰、明、恭一例。舊本別本俱誤耳。」見《漢書補注》，卷 99 中，頁 4 上。
〔註29〕《漢書・王莽傳》，卷 99 中，頁 4104。
〔註30〕《尚書注疏》，卷 12，頁 7 下。

《傳》曰：思心之不睿，〔註31〕是謂不聖。……思心者，心思慮也；睿，寬也。孔子曰：「居上不寬，吾何以觀之哉！」言上不寬大包容臣下，則不能居聖位。貌言視聽，以心爲主。〔註32〕

對於一個國君來說，貴其能夠得中，《漢書‧五行志》說：

《傳》曰：……皇之不極，是謂不建。皇，君也。極，中。建，立也。人君貌、言、視、聽、思心五事，皆失不得其中，則不能立萬事。〔註33〕

由於貌言視聽，以心爲主，而君主之要，貴在能夠得中，所以不說「司睿」（或「司容」），而說「司中」。

以上對司中的解說，有些轉折，不一定是當初命名的原義，姑且如此推測，聊備一說。

六、作士

《漢書‧王莽傳》載，始建國元年（9年），改大理爲作士。〔註34〕大理，在西漢大部分時間都叫廷尉。茲先將其職稱的變動情形，列表說明：

職稱	年代	變動說明
廷尉	高帝五年（前202年）	《漢書‧百官公卿表》，高帝五年，廷尉義渠。
大理	景帝中六年（前144年）	《漢書‧百官公卿表》，景帝中六年，更名大理。
廷尉	武帝建元四年（前137年）	《漢書‧百官公卿表》，武帝建元四年，復爲廷尉。
大理	哀帝元壽二年（前1年）	《漢書‧百官公卿表》，哀帝元壽二年，復爲大理。
作士	王莽始建國元年（9年）	《漢書‧百官公卿表》，王莽改曰作士。

〔註31〕睿，《尚書大傳》作容，鄭玄注：「容，當爲睿。睿，通也。」見《尚書大傳輯校》，卷2，頁7下。吳汝綸《尚書故》，以爲《尚書大傳》作容，乃睿之誤。睿，睿同字。見《尚書釋義》，頁62，注13引。段玉裁《古文尚書撰異》，列舉七證，以爲今文《尚書》睿作容，見《皇清經解》，卷580，頁8。陳喬樅《今文尚書經說考》，皮錫瑞《今文尚書考證》，也都認可這個說法。個人以爲，這是因異文而導致經說不同，〈五行志〉採用「思曰容」之說。對於漢儒來說，在那個法令相當嚴苛的環境下，他們有時候寧願君主寬容一些，而不要太聰明睿察，是很自然的事。這便是上編所說，諫書思想下的經說。

〔註32〕《漢書‧五行志》，卷27下之上，頁1441。

〔註33〕《漢書‧五行志》，卷27下之上，頁1458。

〔註34〕《漢書‧王莽傳》，卷99中，頁4103。

〈堯典〉記載舜任命皋陶作士說：

> 帝曰：「皋陶！蠻夷猾夏，寇賊姦宄。汝作士，五刑有服，五服三就；
> 五流有宅，五宅三居。惟明克允。」〔註35〕

廷尉的職務，《漢書・百官公卿表》說是「掌刑辟」，《續漢書・百官志》說：

> 本注曰：掌平獄，奏當所應，凡郡國讞疑罪，皆處當以報。〔註36〕

和〈堯典〉所說「士」的職掌大致相同。〔註37〕這個改變，就職掌相似來說，可以說得過去。

七、典樂

《漢書・王莽傳》載，始建國元年（9年），改大鴻臚爲典樂。〔註38〕大鴻臚在漢初叫典客，景帝時改稱大行令，武帝時改稱大鴻臚。茲先將其職稱的變動，列表說明：

職稱	年代	變動說明
典客	高帝五年（前 202 年）	《漢書・百官公卿表》，高帝五年，薛歐爲典客。
大行令	景帝中六年（前 144 年）	《漢書・百官公卿表》，景帝中六年，更名大行令。
大鴻臚	武帝太初元年（前 104 年）	《漢書・百官公卿表》，武帝太初元年，更名大鴻臚。
典樂	王莽始建國元年（9 年）	《漢書・百官公卿表》，王莽改大鴻臚曰典樂。

〈堯典〉載舜任命夔典樂：

> 帝曰：「夔，命汝典樂，教胄子。直而溫，寬而栗，剛而無虐，簡而
> 無傲。詩言志，歌永言，聲依永，律和聲。八音克諧，無相奪倫，
> 神人以和。」〔註39〕

〈皋陶謨〉說：

> 夔曰戛擊鳴球，〔註40〕搏拊琴瑟，以詠，祖考來格。虞賓在位，羣后
> 德讓。下管鼗鼓，合止柷敔，笙鏞以間，鳥獸蹌蹌，簫韶九成，鳳凰

〔註35〕《尚書注疏》，卷3，頁22下～23上。

〔註36〕《後漢志》，卷25，頁3582。

〔註37〕作是動詞，兩個字合成一詞比較好念，王莽或即因此把大理改爲「作士」，而不稱爲「士」。

〔註38〕《漢書》，卷99中，頁4103。

〔註39〕《尚書注疏》，卷3，頁26上。

〔註40〕孫星衍說，此曰當訓爰。見《尚書今古文注疏》，卷2，頁123。

來儀。夔曰：「於！予擊石拊石，百獸率舞，庶尹允諧。」〔註41〕
可知《尚書》中的典樂，主要職務是掌管音樂和教育。漢代大鴻臚（典客、大行令）的職務，《漢書·百官公卿表》說是「掌諸歸義蠻夷」，《續漢書·百官志》說：

> 本注曰：掌諸侯及四方歸義蠻夷，其郊廟行禮贊導，請行事，既可，
> 以命群司。諸王入朝，當郊迎，典其禮儀。及郡國上計，匡四方來，
> 亦屬焉。皇子拜王，贊授印綬。及拜諸侯、諸侯嗣子、及四方夷狄
> 封者，臺下鴻臚召拜之。王薨，則使弔之，及拜王嗣。〔註42〕

是大鴻臚的職掌，與《尚書》中的典樂，有很大的差異。《後漢書·桓譚列傳》，說他「好音律，善鼓琴。」王莽時為掌樂大夫。桓譚《新論》說：

> 余前為典樂大夫，有鳥鳴於庭樹上，而府中門下皆為憂懼。後余與
> 典樂謝侯爭鬬，俱坐免去。〔註43〕

主持禮儀的時候，需要音樂，所以王莽把大鴻臚改名為典樂，也有道理可說。

八、羲和、納言

《漢書·王莽傳》載，始建國元年（9 年），更名大司農曰羲和，後更為納言。〔註44〕大司農，在漢初叫治粟內史，景帝時改名為大農令，武帝時改稱大司農。茲將其職稱的變動情形，列表說明：

職稱	年代	變動說明
治粟內史	高帝元年（前 206 年）	《漢書·百官公卿表》，高帝元年，執盾襄為治粟內史。
大農令	景帝後元年（前 143 年）	《漢書·百官公卿表》，景帝後元年，更名大農令。
大司農	武帝太初元年（前 104 年）	《漢書·百官公卿表》，武帝太初元年，更名大司農。
羲和	王莽始建國元年（9 年）	《漢書·王莽傳》，始建國元年，更名大司農曰羲和。
納言	王莽	《漢書·王莽傳》，後更為納言。

〔註41〕《尚書注疏》，卷5，頁 14 下～15 上。
〔註42〕《後漢書》，卷25，頁 3583。
〔註43〕《新輯本桓譚新論·見微篇》，頁 17。
〔註44〕《漢書》，卷99 中，頁 4103。

〈堯典〉記載舜任命羲和掌管天文曆法，〔註45〕指導民眾依照時令耕作收藏：

> （堯）乃命羲和，欽若昊天；歷象日月星辰，敬授人時。……帝曰：
> 「咨，汝羲暨和。朞三百有六旬有六日，以閏月定四時成歲。允釐
> 百工，庶績咸熙。」〔註46〕

大司農的職務，爲掌管國家的財政。《漢書・百官公卿表》說：

> 治粟內史，秦官，掌穀貨。〔註47〕

《續漢書・百官志》說：

> 本注曰：掌諸錢穀、金帛、諸貨幣。郡國四時上月旦見錢穀簿，其
> 逋未畢，各具別之。邊郡諸官請調度者，皆爲報給，損多益寡，取
> 相給足。〔註48〕

應劭《漢官儀》說：「大司農，古官也。唐、虞分命羲、和四子，敬授民時。」
〔註49〕王莽把大司農改稱羲和，當即著眼於此。不過天文星曆，在漢代由太
史來掌理，所以這個名稱的更改，並不很妥當。

後來王莽又把羲和改稱爲納言，〈堯典〉記載舜任命龍作納言：

> 帝曰：「龍，朕堲讒說殄行，震驚朕師。命汝作納言，夙夜出納朕命，
> 惟允。」〔註50〕

是〈堯典〉所說的納言，與財政及天文曆法均毫無關係。改羲和爲納言，無
論職掌是否有所改動，均無道理可說。是史書記載有誤，抑或是王莽食古不
化，未詳。

九、共工

王莽始建國元年（9年），改少府爲共工。〔註51〕共工之名，本於〈堯典〉：

> 帝曰：「疇若予工？」僉曰：「垂哉。」帝曰：「俞咨！垂，汝共工。」
> 〔註52〕

〔註45〕翼鵬師說：「羲和，謂羲氏、和氏，舊所謂『世掌天地四時之官』者也。」見
　　　　《尚書釋義・堯典》注10，頁5。
〔註46〕《尚書注疏》，卷2，頁9上、10下。
〔註47〕《漢書》，卷19上，頁731。
〔註48〕《後漢志》，卷26，頁3590。
〔註49〕《漢官儀》，卷上，見《漢官六種》，頁134。
〔註50〕《尚書注疏》，卷3，頁28上。
〔註51〕《漢書》，卷99中，頁4103。
〔註52〕《尚書注疏》，卷3，頁24下。

馬融注：

> 爲司空，共理百工之事。〔註53〕

共是掌管的意思，共工是掌管工事的官名。

少府的職掌，《漢書·百官公卿表》說是「掌山海池澤之稅，以給共養。」《續漢書·百官志》說：

> 本注曰：掌中服御諸物，衣服寶貨珍膳之屬。〔註54〕

應劭《漢官儀》說：

> 少府掌山澤陂池之稅，名曰禁錢，以給私養，自別爲藏。少者，小
>
> 也，故稱少府。〔註55〕

所以少府掌特別稅收，是天子私用的財政機關，而司農掌理國家財源，是國家的財政機關。

少府的屬官中，一部分和工事有關，如考工室，〔註56〕《漢書·百官公卿表》注引臣瓚說：

> 冬官爲考工，主作器械也。

後漢改屬太僕，《續漢書·百官志》說：

> 本注曰：主作兵器弓弩刀鎧之屬。〔註57〕

又如尚方令，《續漢書·百官志》說：

> 本注曰：掌上手工，作御刀劍諸好器物。〔註58〕

從這些屬官的職掌來說，和〈堯典〉的共工略同。但就西漢少府的職掌來看，改少府爲共工，若眞的是存心慕古，則因少府的職掌，不論就性質及範圍方面來說，都和〈堯典〉的共工有很大的差異，因而不免名不符實。

十、大贅

《漢書·王莽傳》載，始建國元年（9年），「又置大贅官，主乘輿服御物，後又典兵秩。」〔註59〕大贅是王莽新設的官，本於〈立政〉的「綴衣」。〈立

〔註53〕 馬注見《史記集解》，茲據《尚書今古文注疏》引錄，卷1，頁67。
〔註54〕 《後漢志》，卷26，頁3592。
〔註55〕 《漢官儀》，卷上，見《漢官六種》，頁135。
〔註56〕 武帝太初元年（前104年），更名爲考工。
〔註57〕 《後漢志》，卷25，頁3581。
〔註58〕 《後漢志》，卷26，頁3596。
〔註59〕 《漢書》，卷99中，頁4103。

政〉說：

> 周公若曰：「拜手稽首，告嗣天子王矣。」用咸戒于王，曰王左右常
> 伯、常任、準人、綴衣、虎賁。〔註60〕

贅與綴通。揚雄〈雍州牧箴〉：「牧臣司雍，敢告贅衣。」班固〈西都賦〉：「虎
賁、贅衣、閽尹、閽寺、陛戟百重，各有典司。」崔瑗〈北軍中侯箴〉：「贅
衣近侍常伯之人。」也都作「贅衣」。因爲在〈立政〉之中，綴衣和天子近臣
排列在一起，所以揚雄等人都把它視爲近臣。

綴衣的職掌，〈立政〉沒有明文。《僞孔傳》以爲「掌衣服」；〈顧命〉「出
綴衣于庭」，《僞孔傳》說：「幄帳」。幄帳和衣服都是同類之物，都由綴衣來
掌管是可能的。〔註61〕

王莽設立大贅官，主管乘輿服用諸物，和綴衣的職掌約略相近。後來又
掌管兵秩，〈立政〉的綴衣卻看不出有這種職務。天子的用度，在前後漢都由
少府主管，王莽新設的大贅，是否也隸屬於共工（王莽改少府爲共工），史無
明文，不能確定。

十一、予虞

王莽始建國元年（9年），改水衡都尉爲予虞。〔註62〕予虞之名，本於〈堯
典〉的朕虞：

> 帝曰：「疇若予上下草木鳥獸？」僉曰：「益哉。」帝曰：「俞咨！益，
> 汝作朕虞。」〔註63〕

實際的官名是「虞」，兩個字合成一詞比較好念，所以王莽不說「虞」，而取
名爲「予虞」。

水衡都尉的職掌，《漢書·百官公卿表》說是「掌上林苑」，衛宏《漢舊
儀》說：

> 上林苑中，廣長三百里。……苑中養百獸，禽鹿，嘗祭祠祀，賓客
> 用鹿千枚，麕兔無數。佽飛具繒繳，以射鳧雁，應給祭祀置酒，每
> 射收得萬頭，以上給太官。

〔註60〕　《尚書注疏》，卷17，頁15上。
〔註61〕　《尚書注疏》，卷17，頁15上；卷18，頁17上。
〔註62〕　《漢書》，卷99中，頁4103。
〔註63〕　《尚書注疏》，卷3，頁24下～25上。

上林苑中，天子遇秋冬射獵，取禽獸無數實其中。離宮觀七十所，
皆容千乘萬騎。〔註64〕

可知水衡都尉的職務是管上林苑的鳥獸，以供祭祀及狩獵之用。所以從職掌
方面來說，王莽把水衡都尉改稱予虞，是有理由的。

十二、四輔

〈皋陶謨〉有「欽四鄰」，〈洛誥〉有「亂爲四輔」之語。漢儒經說以四
鄰或四輔爲輔助天子的大臣，《尚書大傳》說：

古者天子必有四鄰，前曰疑，後曰丞，左曰輔，右曰弼。天子有問
無以對，責之疑。可志而不志，責之丞。可正而不正，責之輔。可
揚而不揚，責之弼。其爵視卿，其祿視次國之君也。〔註65〕

《白虎通·諫諍篇》所說，名稱相同，而職掌則異。《大戴禮·千乘篇》以爲
道、充、弼、承，《禮記·文王世子》以爲師、保、疑、丞，所說的職務，也
不相同（說詳上編三章三節：〈以漢律古〉）。但把四鄰或四輔當作輔助天子的
大臣，則無二致。

平帝元始元年（1年），王太后下詔，以孔光爲太師，王舜爲太保，甄豐
爲少傅，同時以王莽爲太傅，幹四輔之事。〔註66〕名稱雖與《尚書大傳》等
書所說不同，而四輔的設立，則顯然取法上述諸說。

直到東漢，四輔之制仍爲漢儒所稱許，《後漢書·翟酺列傳》載其諫安帝
奏書，其中一段說：

昔成王之政，周公在前，邵公在後，畢公在左，史佚在右，四子挾
而維之。目見正容，耳聞正言，一日即位，天下曠然，言其法度素
定也。今陛下有成王之尊，而無數子之佐，雖欲崇雍熙，致太平，
其可得乎？〔註67〕

惟四輔之官，東漢不再設置。因爲漢家自有制度，綜理國政，在西漢有丞相，
在東漢有三公及尚書來輔佐。天子有所疑惑，有掌通古今的博士以備咨詢。
在諫諍方面，西漢的丞相，東漢的尚書，如果對天子的詔書不贊同，可以封

〔註64〕　《漢舊儀》，卷下，見《漢官六種》，頁83。
〔註65〕　《尚書大傳輯校》，卷1，頁20上。
〔註66〕　《漢書·王莽傳》，卷99上，頁4047。
〔註67〕　《後漢書》，卷48，頁1604。

還詔書，以匡救天子的失政。〔註68〕至於一般性的諫諍，漢儒更可以拿經義及陰陽五行說來規範君主的行為，及批評其不當的措施（說詳五、六兩章）。所以儒家在漢代雖已取得正統地位，但漢朝制度既定，就無法整個加以更動，因為這在現實上是行不通的。

十三、州牧

由於中央集權的發展，從戰國時候就逐漸的形成對地方的監察制度。秦置監御史，掌監郡，漢省。惠帝三年（前192年），又遣御史監三輔郡，其後諸州復置監察御史。文帝十三年（前167年），由於御史不奉法，下失其職，乃遣丞相史出刺，並督監察御史。惟尚未形成常制，因時出刺，地無定域。〔註69〕

武帝元封五年（前106年），初置刺史，部十三州。〔註70〕掌奉詔條察州，秩六百石，員十三人。〔註71〕其後或稱州牧，或稱刺史。茲將其職稱的變動情形，列表說明：

職稱	年代	變動說明
刺史	武帝元封五年（前106年）	《漢書・百官公卿表》，武帝元封五年初置。
牧	成帝綏和元年（前8年）	《漢書・百官公卿表》，成帝綏和元年，更名牧。
刺史	哀帝建平二年（前5年）	《漢書・百官公卿表》，哀帝建平二年，復為刺史。
牧	哀帝元壽二年（前1年）	《漢書・百官公卿表》，哀帝元壽二年，復為牧。
刺史	光武建武十八年（42年）	《續漢書・百官志》，建武十八年，復為刺史。
牧	靈帝中平五年（188年）	《後漢書・靈帝紀》，中平五年，改刺史，新置牧。

〔註68〕衛宏《漢舊儀》卷上：「詔書以朱鈞施行。詔書下，有違法令，施行之不便，曹史白，（丞相）封還尚書，對不便狀。」見《漢官六種》，頁71。見之於實例的，如哀帝託傅太后遺詔，令成帝母王太后下丞相、御史益封董賢二千戶，及賜孔鄉侯、汝昌侯、陽新侯國。丞相王嘉封還詔書，見《漢書・王嘉傳》，卷86，頁3498。又如鍾離意為尚書僕射，獨敢諫諍，數封還明帝詔書。見《後漢書・鍾離意列傳》，卷41，頁1409。

〔註69〕本《漢書・百官公卿表》，及杜佑《通典》。

〔註70〕《漢書・武帝紀》，卷6，頁197。

〔註71〕《漢書・百官公卿表》，卷19上，頁741。

《漢書‧朱博傳》載：

> 初，何武爲大司空，又與丞相方進共奏言：「古選諸侯賢者以爲州伯，《書》曰：『咨十有二牧。』所以廣聰明，燭幽隱也。今部刺史居牧伯之位，秉一州之統，選第大吏，所薦位高至九卿，所惡立退，任重職大。《春秋》之義，用貴治賤，不以卑臨尊。刺史位下大夫而臨二千石，輕重不相準，失位次之序。臣請罷刺史，更置州牧，以應古制。」奏可。〔註72〕

這個建議，爲成帝所採納，綏和元年（前8年），遂罷部刺史，更置州牧。〔註73〕

改刺史爲州牧，雖本於〈堯典〉的「咨十有二牧」，實際上是由於刺史的威權日隆。《漢書‧百官公卿表》載：

> 武帝元封五年（前106年），初置部刺史，掌奉詔條察州。秩六百石，員十三人。成帝綏和元年（前8年），更名牧，秩二千石。

改刺史爲州牧，俸祿由六百石提高到二千石。誠如何武和翟方進所說：「所薦位高至九卿，所惡立退，任重職大。」如以「下大夫而臨二千石」（郡守秩二千石），則「輕重不相準，失位次之序。」不過他們既處在以經義成爲施政最高原則的時代，凡事不能不「緣飾以儒術」，於是遂有對〈堯典〉「咨十有二牧」的援引。

其後名稱的再次更動，也莫不以現實上的政治需要爲決定的依據。關於刺史制度的變遷，顧頡剛、勞榦、嚴耕望均有詳細的專論，〔註74〕此不具述。

十四、法天建官

兩漢都盛行法天建官的說法，在提出這個說法時，他們常以〈皋陶謨〉的「天工人其代之」爲經典上的依據（參看上編三章三節：〈以漢律古〉）。《尚書大傳》說：

> 古者天子三公，每一公三卿佐之，每一卿三大夫佐之，每一大夫三元士佐之。故有三公，九卿，二十七大夫，八十一元士，所與爲天

〔註72〕《漢書‧朱博傳》，卷83，頁3406。

〔註73〕《漢書‧成帝紀》，卷10，頁329。

〔註74〕顧頡剛，〈兩漢州制考〉，刊於《慶祝蔡元培先生六十五歲論文集》。勞榦，〈兩漢刺史制度考〉，刊於《中央研究院歷史語言研究所集刊》，第11本，收入《勞榦學術論文集》甲編上（臺北：藝文印書館，1976年），頁477～498。嚴耕望，《中國地方行政制度史上編卷上‧秦漢地方行政制度》，頁272～315。

下者，若此而已。〔註75〕

《論衡・紀妖篇》說：

> 天官百二十，與地之王者，無以異也。地之王者，官屬備具，法象
> 天官，稟取制度。〔註76〕

上述法天建官的說法，王莽曾經加以施行。《漢書・王莽傳》載，始建國元年
（9 年）：

> 置大司馬司允，大司徒司直，大司空司若，位皆孤卿。更名大司農
> 曰羲和，後更爲納言，大理曰作士，太常曰秩宗，大鴻臚曰典樂，
> 少府曰共工，水衡都尉曰予虞，與三公司卿凡九卿，分屬三公。每
> 一卿置大夫三人，一大夫置元士三人，凡二十七大夫，八十一元士，
> 分主中都官諸職。〔註77〕

這種法天建官的作法，實際上與《尚書》的原義無關，惟漢儒說經，率以爲
如此。這就是上編所說兩漢《尚書》學特色中的一種：〈以漢律古〉，實際上
只是反映了漢儒的觀念而已。

十五、結論

　　本章所述，是從兩漢官名變遷的來源，及其職掌的比較，具體的說明兩
漢《尚書》學對當時官制的影響。這種影響是和儒家思想在漢代的得勢並行
的，這些名目上的變更，雖然有一部分是不盡適宜的，如改少府爲共工，改
大鴻臚爲典樂皆是。從後人的立場來看，也許認爲這種變更是不必要的。但
處在一個以法家思想爲其制度骨幹的漢代，又適逢儒家在學術思想上取得了
正統地位，通經可以致用，這些官名的改動及一些官員的設置，就正好具體
的表現了漢儒對經義的尊重，及盡量使經義在現實世界中實現的努力。

　　以下對每一個改動的官名，及新設立的官員在《尚書》學上的依據，作
一簡表，以清眉目，並作爲本章的結束。

原官名	改訂官名	在《尚書》中的依據	備註
大司徒	司徒	〈堯典〉、〈牧誓〉、〈洪範〉、〈梓材〉、〈立政〉、《書序》。	又見於《詩經》、《左傳》等書。

〔註75〕《尚書大傳輯校》，卷 1，頁 24 上。
〔註76〕《論衡校釋》，卷 22，頁 915
〔註77〕《漢書・王莽傳》，卷 99 中，頁 4103。

大司空	司空	〈堯典〉、〈牧誓〉、〈洪範〉、〈梓材〉、〈立政〉。	同上
太常	秩宗	〈堯典〉	
太樂令	太予樂令	〈尚書璇璣鈐〉	係緯書
	司恭大夫	〈洪範〉	王莽新置
	司從大夫	〈洪範〉	王莽新置
	司明大夫	〈洪範〉	王莽新置
	司聰大夫	〈洪範〉	王莽新置
	司中大夫	《洪範五行傳》	王莽新置
大理	作士	〈堯典〉	
大鴻臚	典樂	〈堯典〉	參〈皋陶謨〉
大司農	羲和、納言	〈堯典〉	先改爲羲和，後改稱納言。
少府	共工	〈堯典〉	
	大贅	〈立政〉	王莽新設
水衡都尉	予虞	〈堯典〉	
	四輔	〈堯典〉、〈洛誥〉、《尚書大傳》	又見於《大戴禮記》、《禮記》、《白虎通》。
刺史	牧	〈堯典〉	
	法天建官（三公，九卿，二十七大夫，八十一元士。）	〈皋陶謨〉、《尚書大傳》	王莽明白施行。爲一般漢儒所具有的觀念。

第八章 兩漢《尙書》學對當時法律的影響

　　本章所稱的漢代法律，包括當時的律令、令，[註1]當時司法的判例，以及漢人的法律思想。在材料方面，則採取較嚴的限制，多選直接引用《尙書》經文的資料。

　　《尙書》各篇，對於西周及前此的法律及執行原則，有相當完備的記載。〈堯典〉說：「象以典刑。」〈皋陶謨〉說：「方施象刑，惟明。」〈康誥〉有一大段論及刑法，〈呂刑〉（〈甫刑〉）一篇專論法律，其餘各篇，也經常出現與刑法有關的話。在漢代，《尙書》和《春秋》一樣，可以拿來作爲判獄的依據。

　　兒寬是《尙書》大師，《漢書》本傳記載他因爲決疑獄而被張湯及武帝所賞識：

> （兒寬）以射策爲掌故，功次補廷尉文學卒史。……時張湯爲廷尉，廷尉府盡用文史法律之吏，而寬以儒生在其間，見謂不習事，不署曹。除爲從史，之北地視畜數年。還至府，上畜簿。會廷尉時有疑奏，已再見卻矣，掾史莫知所爲。寬爲言其意，掾史因使寬爲奏。奏成，讀之皆服，以白廷尉湯。湯大驚，召寬與語，乃奇其材，以爲掾。上寬所作奏，即時得可。異日湯見，上問曰：「前奏非俗吏所及，誰爲之者？」湯言兒寬。上曰：「吾固聞之久矣。」湯由是鄉學，

〔註1〕　《漢書‧宣帝紀》注引文穎說：「蕭何承秦法所作爲律令，律經是也。天子詔所增損，不在律上者爲令。」卷8，頁253。

以寬爲奏讞掾，以古法義決疑獄，甚重之。〔註2〕

《史記·酷吏列傳張湯傳》說：

> 是時上方鄉文學，湯決大獄，欲傅古義，乃請博士弟子治《尚書》、
> 《春秋》補廷尉史，亭疑法。〔註3〕

從這兩段記載看來，兒寬爲疑獄所作的奏章，一定引用了經書上的話作判決的依據；由於他是治《尚書》出身的，加以《尚書》本來具有豐富的法律資料，其中當有一部分，甚至大部分都依據《尚書》，是無可懷疑的。這類奏章自然不是一般「文史法律之吏」所擅長。因爲武帝提倡儒術，張湯經過這次教訓後，於是在判獄時便不能不「傅以古義」，而在一般「俗吏」之外，聘請通《尚書》、《春秋》的博士弟子做廷尉史。這是《尚書》影響漢代法律的一個例子。

《漢書·王尊傳》記載他在元帝時，兼行美陽令，依歐陽《尚書》說判獄：

> 美陽女子告假子不孝，曰：「兒常以我爲妻，妒笞我。」尊聞之，遣
> 吏收捕，驗問辭服。尊曰：「律無妻母之法，聖人所不忍書，此經所
> 謂造獄者也。」尊於是出坐廷上，取不孝子縣磔著樹，使騎吏五人
> 張弓射殺之，吏民驚駭。〔註4〕

注引晉灼說：

> 歐陽《尚書》有此造獄事也。

師古說：

> 非常刑名，造殺戮之法。〔註5〕

以後母爲妻，且加以虐待，當時法律條文沒有這一條，王尊根據歐陽《尚書》說判決，《漢書》加以記載，他的做法，顯然得到了漢代人的認可及讚許。

漢儒援引《尚書》，對於當時的法律，不斷的建議放寬。漢代的法律，是蕭何根據秦法制定的。〔註6〕秦自以爲得水德，「剛毅戾深，事皆決於法，刻

〔註2〕 《漢書·兒寬傳》，卷58，頁2628～2629。
〔註3〕 《史記·酷吏列傳》，卷122，頁3139。參《漢書·張湯傳》，卷59，頁2639。《史記集解》引李奇說：「亭，平也。」
〔註4〕 《漢書·王尊傳》，卷76，頁3227。所謂「假子」，《補注》引沈欽韓說：「前妻之子也。」
〔註5〕 《漢書·王尊傳注》，卷76，頁3227。
〔註6〕 《漢書·刑法志》說：「相國蕭何攈摭秦法，取其宜於時者，作律九章。」卷23，頁1096。

削毋仁恩和義。」〔註7〕漢代的法律，儒者是以爲過苛的，馮唐批評文帝說：
「陛下法太明，賞太輕，罰太重。」〔註8〕蓋寬饒上給宣帝的奏書說：「方今
聖道浸廢，儒術不行，以刑餘爲周、召，以法律爲《詩》、《書》。」〔註9〕這
種現象，誠如宣帝所說：「漢家自有制度，本以霸王道雜之。」〔註10〕這種情
形，到東漢大致上仍舊不變。所以當吳漢病篤時，光武親臨，問所欲言，吳漢
只說：「臣愚無所知識，唯願陛下慎無赦而已。」〔註11〕同時的梁統，還在請求
加重刑罰。〔註12〕但就整個趨勢來說，漢儒寬刑的主張還是逐漸的實行了。

儒者利用經書，替漢代樹立了一個模範的堯、舜時代；唐、虞之治，是
漢人自歎不如，而又企圖努力達到的。在法律方面，漢代帝王自覺不如唐、
虞能夠象刑而治。象刑的說法，《荀子・正論篇》及《慎子》等書都曾提到過。
〈堯典〉說：「象以典刑。」〔註13〕〈皋陶謨〉說：「方施象刑，惟明。」〔註
14〕《尚書大傳》解釋說：

> 唐虞之象刑，上刑赭衣不純，中刑雜屨，下刑墨幪，以居州里，而
> 反於禮。唐虞象刑，犯墨者蒙皁巾，犯劓者赭其衣，犯臏者以墨幪
> 其臏處而畫之，犯大辟者布衣無領。〔註15〕

不必殘傷人體，僅用象刑就能使犯者知恥改過，這眞的是一個理想的時代。

漢人確實相信曾經有過這麼一個時代，文帝、武帝、元帝的詔書裏都提
到過象刑。〔註16〕見之於行事的，如文帝廢肉刑詔說：

> 制詔御史：蓋聞有虞氏之時，畫衣冠異章服以爲戮，而民弗犯，何
> 治之至也！今法有肉刑三，而姦不止，其咎安在？非乃朕德之薄而
> 教不明與！吾甚自愧。故夫訓道不純而愚民陷焉。《詩》曰：「愷弟
> 君子，民之父母。」今人有過，教未施而刑已加焉，或欲改行爲善，

〔註7〕《史記・秦始皇本紀》，卷6，頁238。
〔註8〕《漢書・馮唐傳》，卷50，頁2314。
〔註9〕《漢書・蓋寬饒傳》，卷77，頁3247。
〔註10〕《漢書・元帝紀》，卷9，頁277。
〔註11〕《後漢書・吳漢列傳》，卷18，頁684。
〔註12〕《後漢書・梁統列傳》，卷34，頁1166～1167。文詳後引。
〔註13〕《尚書注疏》，卷3，頁14上。
〔註14〕《尚書注疏》，卷5，頁14上。
〔註15〕《尚書大傳輯校》，卷1，頁6下～7上。
〔註16〕文帝除肉刑詔，見《漢書・刑法志》，卷23，頁1098。武帝元光元年詔，見
　　　　《漢書・武帝紀》，卷6，頁160～161。又詔諸儒策，見《漢書・公孫弘傳》，
　　　　卷58，頁2613～2614。元帝永光二年詔，見《漢書・元帝紀》，卷9，頁288。

> 而道亡繇至，朕甚憐之。夫刑至斷支體，刻肌膚，終身不息，何其
> 刑之痛而不德也！豈稱為民父母之意哉？其除肉刑，有以易之；及
> 今罪人各以輕重，不亡逃，有年而免。具為令。〔註17〕

丞相張蒼，御史大夫馮敬奏言，廢肉刑而改用鞭笞，雖然結果是外有輕刑之名而內實殺人，《漢書・刑法志》說：「斬左止者笞五百，當劓者笞三百，率多死。」〔註18〕這是定律過嚴及執行上的偏差所致，文帝的本意，並非如此。所以在景帝時就針對這些缺點減少鞭笞次數，並且規定了鞭箠的大小，限定執行時不得換人，於是犯人乃得以生全。〔註19〕

王莽做安漢公的時候，為了頌揚他的功德，風俗使者「奏為市無二賈，官無獄訟，邑無盜賊，野無飢民，道不拾遺，男女異路之制，犯者象刑。」〔註20〕後來王莽篡了位，太傅唐尊還曾一度實行這種制度：

> 出見男女不異路者，尊自下車，以象刑赭幡汙染其衣。莽聞而說之，
> 下詔申敕公卿，思與厥齊。〔註21〕

這雖然是一個特殊的事件，卻足以證明漢人相信象刑說，並企圖努力實現這種理想的制度。

宣帝初即位，路溫舒上書，以為「秦有十失，其一尚存，治獄之吏是也。」「治獄之吏皆欲人死，非憎人也，自安之道，在人之死。」認為「天下之患，莫深於獄。」希望能夠「省法制、寬刑罰、以廢治獄。」〔註22〕這是他有名的〈尚德緩刑疏〉，疏文重點在除秦之失，全篇引經僅一條：「與其殺不辜，寧失不經。」見《左傳》襄公二十六年引〈夏書〉。路溫舒的建議，沒有具體的結果。〔註23〕

宣帝神爵元年（前61年）西羌反，夏四月遣後將軍趙充國征之。為了充裕糧食，以免西北人民來年困乏，京兆尹張敞上書建議：

> 國兵在外，軍以夏發，隴西以北，安定以西，吏民並給轉輸，田事
> 頗廢，素無餘積，雖羌虜以破，來春民食必乏。窮辟之處，買亡所

〔註17〕《漢書・刑法志》，卷23，頁1098。
〔註18〕同前註，頁1099。
〔註19〕同前註，頁1100。
〔註20〕《漢書・王莽傳》，卷99上，頁4076～4077。
〔註21〕《漢書・王莽傳》，卷99下，頁4164。
〔註22〕王先謙《漢書補注》：「廢，除也，謂除去治獄之弊政。」卷51，頁33上。
〔註23〕《漢書・路溫舒傳》，卷51，頁2369～2371。

得，縣官穀度不足以振之。願令諸有辠，非盜受財殺人及犯法不得
赦者，皆得以差入穀此八郡贖罪。務益致穀以豫備百姓之急。〔註24〕

左馮翊蕭望之，少府李彊反對，因爲這樣會導致貧富刑罰不一。宣帝復下其
議，丞相、御史以難問張敞，張敞說：

少府、左馮翊所言，常人之所守耳。昔先帝征四夷，兵行三十餘年，
百姓猶不加賦，而軍用給。今羌虜一隅小夷，跳梁於山谷間，漢但
令辠人出財減辠以誅之，其名賢於煩擾良民，橫興賦斂也。又諸盜
及殺人犯不道者，百姓所疾苦也，皆不得贖；首匿，見知縱，所不
當得爲之屬，議者或頗言其法可蠲除，今因此令贖，其便明甚，何
化之所亂？〈甫刑〉之罰，小過赦，薄罪贖，有金選之品，所從來
久矣，何賊之所生？敞備皂衣二十餘年，嘗聞罪人贖矣，未聞盜賊
起也。竊憐涼州被寇，方秋饒時，民尚有飢乏，病死於道路，況至
來春，將大困乎！不早慮所以振救之策，而引常經以難，恐後爲重
責。常人可與守經，未可與權也。〔註25〕

張敞的動機，本是爲西北民眾免除轉輸的負擔，以免荒廢農事，後來遭遇蕭
望之等人的反對，乃援引〈呂刑〉爲依據。入穀贖罪的建議，本來是一時的
權宜措施，所以丞相魏相，御史大夫丙吉在考慮到「羌虜且破，轉輸略足相
給，遂不施敞議。」〔註26〕這個提議，起因於現實的需要，同時也因爲現實
的需要沒有迫切到非採用入穀贖罪的地步，因而不被採納。但這個事件卻透
露了一個訊息：《尚書》可以作爲擬定法律的依據。

成帝下詔議減死刑及一般律令，引用了〈呂刑〉及〈堯典〉：

〈甫刑〉云：「五刑之屬三千，大辟之罰，其屬二百。」今大辟之刑，
千有餘條，律令煩多，百有餘萬言，奇請它比，日以益滋，自明習
者不知所由，欲以曉喻眾庶，不亦難乎！於以羅元元之民，天絕亡
辠，豈不哀哉！其與中二千石、二千石、博士及明習律令者議減死
刑，及可蠲除約省者，令較然易知，條奏。《書》不云乎：「惟刑之
恤哉！」其審核之，務準古法，朕將盡心覽焉。〔註27〕

〔註24〕《漢書·蕭望之傳》，卷78，頁 3275。
〔註25〕同前注，頁 3277。
〔註26〕同前注，頁 3278。
〔註27〕《漢書·刑法志》，卷23，頁 1103。

這個詔令，執行得並不徹底。《漢書・刑法志》說：

> 有司無仲山父將明之材，不能因時廣宣主恩，建立明制，爲一代之法，而徒鉤摭微細，毛舉數事以塞詔而已。是以大議不立，遂以至今。〔註28〕

這個事件是王霸並用的必然結果。光武中興，太中大夫梁統以爲法令既輕，不勝下姦，請加重刑罰，以遵舊典。三公廷尉以爲隆刑峻法，不是明王急務，加以反對。梁統再度請求，光武令尚書問狀，梁統說：

> 聞聖帝明王，制立刑罰，故雖堯舜之盛，猶誅四凶。經曰：「天討有罪，五刑五庸哉！」又曰：「爰制百姓于刑之衷。」孔子曰：「刑罰不衷，則人無所厝手足。」衷之爲言，不輕不重之謂也。《春秋》之誅，不避親戚，所以防患救亂，全安眾庶，豈無仁愛之恩，貴絕殘賊之路也。……至初元、建平（元帝、哀帝年號），所減刑罰，百有餘條，而盜賊浸多，歲以萬數。閒者三輔從橫，羣輩並起。……其後隴西、北地、西河之賊，越州度郡，萬里交結。……是時以天下無難，百姓安平，而狂狡之勢，猶至於此，皆刑罰不衷，愚人易犯之所致也。由此觀之，則刑輕之作，反生大患；惠加姦軌，而害及良善也。〔註29〕

梁統前引二則經書，見於《尚書・皋陶謨》及〈呂刑〉。儒家對於刑罰的看法，誠如《論語》所說：「道之以政，齊之以刑，民免而無恥。道之以德，齊之以禮，有恥且格。」「聽訟，吾猶人也。必也，使無訟乎！」「孟氏使陽膚爲士師，問於曾子。曾子曰：上失其道，民散久矣。如得其情，則哀矜而勿喜。」〔註30〕梁統的主張，顯然與儒家宗旨不合，《後漢書》本傳上說他「性剛毅而好法律」，是屬於主張霸道的人物。梁統的主張，也因爲有人反對而不曾實行。

從上引成帝詔書和梁統的建議，及其實行的不徹底，可以看出儒法兩家的主張在法律方面的折衝情形。就歷次逐步減輕刑罰的結果，可看出漢代法制確是朝向儒家的理想發展。殤帝延平元年（106年），鄧大后下詔大赦：「深惟至治之本，道化在前，刑罰在後。將稽中和，廣施慶惠，與吏民更始，其

〔註28〕《漢書・刑法志》，卷23，頁1103。

〔註29〕《後漢書・梁統列傳》，卷34，頁1168～1169。

〔註30〕《論語・爲政篇》三章，〈顏淵篇〉十三章，〈子張篇〉十九章，分見《論語注疏》，卷2，頁1下；卷12，頁7下；卷19，頁5上。

大赦天下。」〔註31〕這「道化」「中和」「慶惠」，純粹是儒家精神的表現。

先是章帝時，尚書陳寵上疏請「蕩滌煩苛之法，輕薄箠楚，以濟羣生。」疏文說（括號內所注經文出處，為筆者所加）：

> 臣聞先王之政，賞不僭，刑不濫，與其不得已，寧僭不濫。（《左傳》）故唐堯著典，「眚災肆赦。」（〈堯典〉）周公作戒，「勿誤庶獄。」（〈立政〉）伯夷之典，「惟敬五刑，以成三德。」（〈呂刑〉）由此言之，聖賢之政，以刑罰為首。往者斷獄嚴明，所以威懲姦慝，姦慝既平，必宜濟之以寬。陛下即位，率由此義，數詔羣僚，弘崇晏晏。而有司執事，未悉奉承，典刑用法，猶尚深刻。斷獄者急於篣格酷烈之痛，執憲者煩於詆欺放濫之文，或因公行私，逞縱威福。夫為政猶張琴瑟，大弦急者小弦絕。故子貢非臧孫之猛法，而美鄭喬之仁政。《詩》云：「不剛不柔，布政優優。」方今聖德充塞，假于上下，宜隆先王之道，蕩滌煩苛之法。輕薄箠楚，以濟羣生；全廣至德，以奉天心。〔註32〕

這個建議，為章帝所採納。《後漢書‧陳寵列傳》說：

> （章帝）其後遂詔有司，絕鑽鑽諸慘酷之科，解妖惡之禁，除文致之請讞五十餘事，定著于令。〔註33〕

和帝永元六年（94 年），陳寵為廷尉，本傳說他「數議疑獄，常親自為奏，每附經典，務從寬恕，帝輒從之，濟活者甚眾。」後來他又依據〈呂刑〉，鉤校律令，擬把超出〈呂刑〉的部分刪除，他說：

> 臣聞禮經三百，威儀三千，故〈甫刑〉大辟二百，五刑之屬三千。禮之所去，刑之所取，失禮則入刑，相為表裏者也。今律令死刑六百一十，耐罪千六百九十八，贖罪以下二千六百八十一，溢於〈甫刑〉者千九百八十九，其四百一十大辟，千五百耐罪，七十九贖罪。〈春秋保乾圖〉曰：「王者三百年一蠲法。」漢興以來，三百二年，憲令稍增，科條無限。又律有三家，其說各異。宜令三公、廷尉平定律令，應經合義者，可使大辟二百，而耐罪、贖罪二千八百，并為三千，悉刪除其餘令，與禮相應，以易萬人視聽，以致刑措之美，

〔註31〕《後漢書‧孝殤帝紀》，卷 4，頁 197。
〔註32〕《後漢書‧陳寵列傳》，卷 46，頁 1549。
〔註33〕同前注。

傳之無窮。〔註34〕

這個提案，因為適逢獄吏與囚犯交通的案件，陳寵被牽連免去廷尉的職務，而不及施行。

到安帝時，陳寵之子陳忠任尚書，居三公曹，主知斷獄，把陳寵的提案施行了一部分。《後漢書》本傳說：

> 忠略依寵意，奏上二十三條，為決事比，以省請讞之敝。又上除蠶室刑；解臧吏三世禁錮；狂易殺人，得減重論；母子兄弟相代死，聽，赦所代者。事皆施行。〔註35〕

陳忠減刑的本意很好，惟「母子兄弟相代死，聽，赦所代者。」這種代死的辦法，頗為可議。《後漢書‧應劭列傳》載，當時有人名叫尹次及史玉，因為殺人，當處死刑。尹次的兄長尹初，史玉的母親軍到官府去，要求代死，兩人遂即自殺。陳忠因此「以罪疑從輕，議活次、玉。」後來應劭就曾對此加以追駁說（劭為靈帝、獻帝時人）：

> 《尚書》稱：「天秩有禮，五服五章哉！天討有罪，五刑五用哉！」而孫卿亦云：「凡制刑之本，將以禁暴惡，且懲其末也。凡爵列官秩，賞慶刑威，皆以類相從，使當其實也。若德不副位，能不稱官，賞不酬功，刑不應罪，不祥莫大焉。殺人者死，傷人者刑，此百王之定制，」有法之成科。高祖入關，雖尚約法，然殺人者死，亦無寬降。「夫時化則刑重，時亂則刑輕。《書》曰：『刑罰時輕時重』，此之謂也。」今次、玉公以清時，釋其私憾，阻兵安忍，僵屍道路，朝恩在寬，幸至冬獄。而初、軍愚狷，妄自投斃。昔召忽親死子糾之難，而孔子曰：「經於溝瀆，人莫之知。」朝氏之父非錯刻峻，遂能自隕其命，班固亦云：「不如趙母指括，以全其宗。」《傳》曰：「僕妾感慨而致死者，非能義勇，顧無慮耳。」夫刑罰威獄，以類天之震燿殺戮也；溫慈和惠，以放天之生殖長育也。是故春一草枯則為災，秋一木華亦為異。今殺無罪之初、軍，而活當死之次、玉，其為枯華，不亦然乎！陳忠不詳制刑之本，而信一時之仁，遂廣引八議求生之端。夫親故賢能功貴勤賓，豈有次、玉當罪之科哉？若乃小大以情，原心定罪，此為求生，非謂代死可以生也。敗法亂政，

〔註34〕《後漢書‧陳寵列傳》，卷46，頁1554。
〔註35〕《後漢書‧陳忠列傳》，卷46，頁1555～1556。

　　悔其可追。〔註36〕

王符《潛夫論・述赦篇》，也反對赦減制度，以爲「今日賊良民之甚者，莫大於數赦贖。赦贖數，則惡人昌而善人傷矣。」「《書》曰：『文王作罰，刑茲無赦。』先王之制刑法也，非好傷人肌膚，斷人壽命也。貴威姦懲惡，除人害也。故經稱『天命有德，五服五章哉！天討有罪，五刑五用哉！』《詩》刺『彼宜有罪，汝反脫之。』」〔註37〕王符所引經文，見於《尚書・康誥》、〈皋陶謨〉、及《詩經・大雅・瞻卬》。王符所處的時代，約與陳忠同時，而稍前於應劭。《後漢書》本傳說他「自和、安之後，世務游宦，當塗者更相薦引，而符獨耿介不同於俗，以此遂不得升進。志意蘊憤，乃隱居著書三十餘篇，以譏當時失得，不欲章顯其名，故號曰《潛夫論》。其指訐時短，討讁物情，足以觀見當時風政。」〔註38〕其後崔寔《政論》，主張重賞深罰，以爲「周穆有闕，甫侯正刑。」「今既不能純法八代，故宜參以霸政，則宜重賞深罰以御之，明著法術以檢之。自非上德，嚴之則理，寬之則亂。」〔註39〕崔寔約處於桓帝、靈帝之世。

　　綜觀漢代《尚書》說對當時法律的影響：依據《尚書》本文及經說判獄，是漢儒在通經致用方面的特殊表現。象刑的說法，本是傳說中的「唐、虞之治」，對漢代君臣來說，這是理想政治的典範，足以令他們產生「雖不能至，心嚮往之」的心情，使他們一次次逐步改良律令煩苛的部分。梁統、應劭、王符等人援引《尚書》，或主張加重刑罰，或反對赦減，用法屬於斷章取義，與《尚書》各篇有關刑法資料的原義出入很大，他們的主張，顯然是陽儒陰法，在外表上便是「緣飾以儒術」。路溫舒、成帝、陳寵、陳忠等人依據《尚書》，主張寬刑，並漸次施行，用法雖仍多斷章取義，大致與本義相合。其間主張的不一，反映了當時儒法兩家思想在法律方面折衝的情形。

〔註36〕　所引《尚書》之文見〈皋陶謨〉。引《荀子》之文二段均見〈正論篇〉，應劭引文時有所改動，茲依〈正論篇〉原文標點。應劭說見《後漢書》本傳，卷48，頁1611。

〔註37〕　據《後漢書・王符列傳》所引《潛夫論・述赦篇》摘錄。見卷49，頁1642。

〔註38〕　《後漢書》，卷49，頁1630。

〔註39〕　《後漢書・崔寔列傳》，卷52，頁1726、1727。

A SUMMARY OF SHANGSHU LEARNING IN THE HAN DYNASTY AND ITS INFLUENCE ON CONTEMPORARY POLITICS

The *Shangshu* (尚書, Book of Documents) is the oldest book of historical documents in China. Its records date from the Sage Emperors Yao 堯 and Shun 舜 to Duke Qinmu 秦穆公; that is, from around 2333 B.C. to 627 B.C. Honored as one of the Confucian classics, it is a very important book. The first part of this study (comprising the first four chapters), titled "*Shangshu* Learning in the Han Dynasty," discusses how Han Confucianists 漢儒 studied the *Shangshu*; the last section (also comprising four chapters), titled "The Influence of *Shangshu* Learning on Contemporary Politics in the Han Dynasty," explains how Han Confucianists made use of the text and its commentary in political affairs. The content of individual chapters is as follows:

Chapter I. An Overview of *Shangshu* Learning during the Han Dynasty

1. Introduction

The study of the *Shangshu* in the Han dynasty corresponds with the *zeitgeist* of that age.

2. An Overview of the Origin of the *Jinwen Shangshu* 今文尚書 and the *Guwen Shangshu* 古文尚書 (two opposing schools based on the classics written in archaic and modern script)

There is a difference between the *jinwen* and *guwen* schools in Han classical scholarship, and the study of the *Shangshu* is no exception. Moreover, it is more problematic than other books. The *Jinwen Shangshu* and the *Guwen Shangshu* vary in how characters were written, number of words, sentences in each chapter, and textual annotations. More remarkably, they have different tables of content containing different numbers of chapter headings as well as forgeries.

3. Causes of the Influence of the *Yinyang Wuxing* Theory 陰陽五行說 and the *Chenwei* Theory 讖緯 on Classics Theory in the Han Dynasty

The *Yinyang Wuxing* Theory was very popular in the Han dynasty, and the scholastic circle in that day believed that various thoughts should naturally be interfused with each other. Thus the *Yinyang Wuxing* Theory was adopted accordingly in the explanations of the Confucian classics. In addition, the government had been pushing explanations this way. As to the intermixing of *chenwei* with classics theory, it was done primarily to support the emperor.

Chapter II. Characteristics of *Shangshu* Learning in the Han Dynasty (Part I)

1. Introduction

The *Shangshu* was originally an unadorned historical book. When explained by Han Confucianists, its content grew manifold; however, many of these explanations bore little relation with the original meaning.

2. The Canonization of the *Shangshu*

The classics relevant to Confucius became holy from the time of Emperor Wu of Han (漢武帝 140 B.C. to 87 B.C.) who did away with all theories except Confucianism. Confucius was thus elevated to higher prestige thereby. As the *Shangshu* was holy, Han Confucianists thought that every word or sentence of it should be of great significance. Therefore they tended to ponder deeply over simple expressions.

3. Explanations of Confucian Classics under the *Zhengming* Doctrine (正名
主義, the rectification of names)

Some explanations viewed from exegesis did not decipher any words but just
speculated about their etymology, and they inferred quite a lot. Such explanations
were affected by the Confucian *zhengming* doctrine.

4. The Explanation of Classics under the Influence of the *Chenwei* Theory

In the Qin and Han, there prevailed a belief in *fuying* (符應, fulfillment of natural
signs and wonders). Collections of records of *fuying* were basic material for
chenwei. The content of *chenwei* tended mostly to mystify the classics, to make
Confucianism a religion and Confucius its head. A few ridiculous interpretations
of the *Shangshu* in the Han dynasty thus resulted from the influence of *chenwei*.

5. The Explanation of Classics under the Influence of the *Yinyang Wuxing*
Theory

Yinyang and *wuxing* at first were two different theories. They were not unified
until Zou Yan 騶衍. The *Yinyang Wuxing* Theory had vast influence on politics
and scholarship in the Han dynasty. A number of distorted views about the
Shangshu were primarily caused by this theory.

Chapter III. Characteristics of the Study of the *Shangshu* in the Han Dynasty (Part II)

1. The Explanation of the *Shangshu* under the Thought of an "Official
Censor" 諫書

The Confucian school valued "loyal entreaty" and even took it as an expression
of filial piety; therefore there was a specific chapter concerning loyal entreaty in
the *Xiaojing* (孝經, Classic on Filial Piety). Such a thought had been deeply
rooted in the minds of people in the Han dynasty. Moreover, in the Han period
one could make use of classics theory in politics if one understood the classics.
Hence some distortions, far-fetched conclusions, and variations in interpretations

of the classics were pieces of advice for the emperor. In order to convince the ruler, they often gave various interpretations of the same text on different occasions.

2. Meaning Inference and Interpolation of Classics

Han Confucianists used to add words to the text when they had difficulties in interpretation or when they wanted to satisfy their own will. Hence, a great gap resulted between interpretations and the original meaning of the text. In interpretation, Han Confucianists often collected and adopted historical data or legends relevant to the text on one hand and deduced the text according to its implication on the other.

3. Using Han Thought to Understand Ancient Ways

When explaining the classics, Han Confucianists would assess ancient thought by their own conception. In describing earlier history and government organization they usually did the same thing as well.

4. Inconsistency between Name and Substance

As the classics had been canonized, they naturally could not be rashly criticized. However, what the texts said might sometimes be out-of-date or unclear. In this case, Han Confucianists would commit themselves to annotating the texts. It is possible that the annotations bore little connection with the original meaning or were even completely unrelated.

5. Conclusion

Descriptions in Chapters II and III are common traits in the Han study of the *Jinwen Shangshu* and *Guwen Shangshu*. Certainly in these traits there must exist various qualities concerning different schools of the *Shangshu*. Those stated in each section are mostly dubious interpretations by Han Confucianists. With these one might be misled to assume that Han study on the *Shangshu* was totally incredulous. This is not the case. Han Confucianists made many substantial contributions to understanding of the *Shangshu*. Their achievement in exegesis can never be ignored, and many of their explanations are still in use.

Chapter IV. Development of Han Confucianists' Study of the *Shangshu*

1. Examples of Change in the Study of the *Shangshu* during the Han Dynasty

Guwen Shangshu learning that arose at a later time bears more credit than *Jinwen Shangshu* learning. Such a difference not only reflects different scholastic orientations, but also reveals the shift in Han classics learning – from an irrational and mystical interpretation by the *Jinwen* school, to a more straight-forward interpretation by the *Guwen* school. This section provides two examples to explain this shift.

2. Development of Han *Shangshu* Learning

This section looks into the change of *Shangshu* learning over the Han dynasty's four hundred years (206 B.C. to 220 A.D.) from several angles: the separate and the unified interpretations of the classics; the mutual exchange of viewpoints regarding the content of the classics; debates on specific issues influencing the theory of the classics; and the verbal addition or subtraction of the explanation of the text. Meanwhile, the causes of the above will be examined.

3. A Criticism of *Jinwen Shangshu* and *Guwen Shangshu* Learning

Though in general the *guwen* theory is more practical, the *jinwen* theory also has many practical statements. In those dubious statements we have to pay attention to variations among *jinwen* scholars. The statements of one *jinwen* scholar may be absurd, while those of another may be very substantial. In the *guwen* theory there are dubious statements as well. *Guwen* scholars in the same way have been affected by *chenwei* and the *Yinyang Wuxing* Theory.

4. Conclusion

Han study of the *Shangshu* developed for four hundred years. There is a special historical spirit in the Han dynasty to which statements on Confucian classics correspond. The shift of *Shangshu* learning also correlates to scholastic thought in those days.

Chapter V. The Influence of Han *Shangshu* Learning on Governmental Affairs of the Age (Part I)

1. The Unique Elevation of Confucianism and the Proficiency in Classics

This section describes how Confucianism gained its ascendancy over other schools. At the same time, a few earlier cases describe how Han Confucianists studied the classics to serve in the government.

2. The *Shangshu* Used as a Repository of Precedents for Managing Official Business

As Confucianism attained its uniquely orthodox position, the content of classics became the utmost instructional principles of governing. Therefore people in the Han dynasty used to adopt the content of the classics in order to support their approach to managing official tasks.

Chapter VI. The Influence of Han *Shangshu* Learning on Governmental Affairs at the Age (Part II)

1. The *Shangshu* Was Used as a Repository of Precedent for Advising the Emperor

Confucianism has always placed importance on advising the ruler; such has been viewed as one of the filial virtues. The great scholar in the late Han, Wang Chong 王充, plainly pointed out in the "Chengcai" chapter of the *Lunheng* 論衡程材篇 that it was a merit of Confucianists to be able to advise the emperor and correct his errors. Therefore Han Confucianists often made use of explanation of classics to correct the emperor's misbehaviors.

2. The *Shangshu* Was Used as a Means for Preventing and Limiting the Power of Eunuchs and the Relatives of the Emperor's Mother or Wife

A source of no little trouble in the Han dynasty was eunuchs and relatives of the empress constantly seizing political power. Thus in memorials from Han intellectuals we can often find them interpreting classics in a way that suggests to the emperor to restrict relatives, to get rid of eunuchs, and to never treat too well relatives of the empress.

3. The *Shangshu* Was Used as a Means to Cope with the Yellow River and Geographical Distinctions

In ancient China it was a popular story that Yu 禹 had overcome the flood of the Yellow River. The "Yugong" 禹貢 chapter of the *Shangshu* was regarded as a record of his efforts in this regard. This constitutes the first long essay about geographical history in China. In the classics it is also the text that described geography most systematically and credibly. People in the Han dynasty used to adopt the "Yugong" as a theoretical basis in managing flood problems. The "Yugong" has China divided into nine states, while the "Yaodian" 堯典 has a record of twelve states. These affected geographical divisions in the Han dynasty.

4. The Pretension of Confucianism

People in the Han dynasty cited the content of the classics and their interpretations to manage political affairs. In some cases the justified content of the classics was but a superficial reason. The honest meaning was less significant than the pretentious one, but it was a sign behind which revealed the worship of classics' spirit by emperors and officials in the Han dynasty. The content and spirit of the classics became the highest guiding principle of ruling class in the Han dynasty.

Chapter VII. The Influence of the *Shangshu* on the Contemporary Hierarchy of the Government in the Han Dynasty

The Han governmental system was borrowed from that of the Qin dynasty, with Legalist thought 法家思想 at its core. As such, the Han hierarchy was much colored by Legalist philosophy. This surely was unpleasant to Han Confucianists; hence they repeatedly demanded a change. Yet with the system already established it was impossible to change unless another dynasty was set up to take its place. Therefore, the Confucian influence on government system was gradual. This chapter deals with the influence of arguments by the *Shangshu*'s interpreters on the change hierarchy during the four hundred years of the Han dynasty.

Chapter VIII. The Influence of *Shangshu* Learning on Contemporary Law in the Han Dynasty

Han law was set up after the Qin model by Xiao He 蕭何, one of the three heroes in the establishment of the Han dynasty. Qin law had been deeply affected by Legalist theory and the Water-virtue Theory 水德說. Its legal code was strict and cruel. Thus Han Confucianists considered Han law to be too severe and proposed to modify it. In the *Shangshu* there are detailed records of principles of law and its execution common in Western Zhou 西周 and earlier. Han Confucianists thus adopted them as a measure for lawsuit judgment. In addition, they cited these as a basis to relax the law. Their suggestions were gradually accepted by the government. Some scholars favoring Legalist ideas cited the *Shangshu* in a fragmentary way to intensify the severity of law or to object to pardoning. The various suggestions of these schools reflect debates over law carried on between intellectual supporters of Confucianism and Legalism.

引用書目

一、**尚書類**（略以著作先後爲序）

1. 題孔安國傳，孔穎達疏，《尚書注疏》，臺北：藝文印書館影印嘉慶二十年〔1815〕江西南昌府學刊本，1976。

2. 閻若璩著，《尚書古文疏證》，臺北：藝文印書館影印《皇清經解續編》本，1965。

3. 王鳴盛著，《尚書後案》，臺北：藝文印書館，影印《皇清經解》本，1986。

4. 程廷祚著，《晚書訂疑》，臺北：藝文印書館影印《皇清經解續編》本，1965。

5. 江聲著，《尚書集注音疏》，臺北：藝文印書館影印《皇清經解》本，1986。

6. 崔述著，《古文尚書辨僞》，收入《崔東壁遺書》，上海：上海古籍出版社，1983。

7. 孫星衍著，《尚書今古文注疏》，北京：中華書局，1986。

8. 陳壽祺著，《尚書大傳輯校》，臺北：藝文印書館影印《皇清經解續編》本，1965。

9. 魏源著，《書古微》，臺北：藝文印書館影印《皇清經解續編》本，1965。

10. 陳喬樅著，《今文尚書經說考》，臺北：藝文印書館影印《皇清經解續編》本，1965。

11. 王先謙著，《尚書孔傳參正》，濟南：齊魯書社，《清經解三編》影印光緒三十年〔1904〕虛受堂刊本，2011。

12. 皮錫瑞著，《今文尚書考證》，北京：中華書局，1989。

13. 屈師翼鵬著，《尚書釋義》，臺北：中華文化出版事業社，1966。

14. 陳夢家著，《尚書通論》，北京：中華書局，1985。

15. 周鳳五著，《僞古文尚書問題重探》，臺北：臺灣大學中國文學研究所碩士論文，屈師翼鵬指導，1974。

二、其他古籍（略以著作先後為序）

1. 題管仲撰，房玄齡注，《管子》，臺北：臺灣商務印書館影印文淵閣《四庫全書》本，1983。

2. 唐玄宗注，邢昺疏，《孝經注疏》，臺北：藝文印書館影印嘉慶二十年〔1815〕江西南昌府學刊本，1976。

3. 鄭玄注，賈公彥疏，《周禮注疏》，臺北：藝文印書館影印嘉慶二十年〔1815〕江西南昌府學刊本，1976。

4. 鄭玄注，孔穎達疏，《禮記注疏》，臺北：藝文印書館影印嘉慶二十年〔1815〕江西南昌府學刊本，1976。

5. 王聘珍，《大戴禮記解詁》，北京：中華書局，1989。

6. 左丘明著，杜預注，孔穎達疏，《春秋左傳注疏》，臺北：藝文印書館影印嘉慶二十年〔1815〕江西南昌府學刊本，1976。

7. 左丘明著，韋昭注，《國語》，臺北：九思出版有限公司，1978。

8. 公羊壽傳，何休解詁，徐彥疏，《春秋公羊注疏》，臺北：藝文印書館影印嘉慶二十年〔1815〕江西南昌府學刊本，1976。

9. 何晏集解，邢昺疏，《論語注疏》，臺北：藝文印書館影印嘉慶二十年〔1815〕江西南昌府學刊本，1976。

10. 孟子著，趙岐注，孫奭疏，《孟子注疏》，臺北：藝文印書館影印嘉慶二十年〔1815〕江西南昌府學刊本，1976。

11. 荀子著，梁啓雄釋，《荀子簡釋》，北京：中華書局，2009。

12. 韓非著，陳奇猷集釋，《韓非子集釋》，臺北：河洛圖書出版社，1974。

13. 題呂不韋著，陳奇猷校釋，《呂氏春秋校釋》，上海：學林出版社，1984。

14. 題淮南王劉安著，劉文典集解，《淮南鴻烈集解》，北京：中華書局，1989。

15. 董仲舒著，蘇輿義證，《春秋繁露義證》，臺北：河洛圖書出版社，影印清宣統庚戌〔1910〕刊本，1974。

16. 司馬遷著，裴駰集解，司馬貞索隱，張守節正義，《史記》，北京：中華書局，2011。

17. 王利器著，《鹽鐵論校注》，北京：中華書局，1992。

18. 劉向編著，向宗魯校證，《說苑校證》，北京：中華書局，1987。

19. 班固著，顏師古集注，《漢書》，北京：中華書局，2010。

20. 班固著，王先謙補注，《漢書補注》，臺北：藝文印書館影印光緒庚子〔1900〕長沙王氏校刊本。

21. 桓譚著，朱謙之校輯，《新輯本桓譚新論》，北京：中華書局，2009。

22. 陳立著，《白虎通疏證》，北京：中華書局，1997。

23. 王充著，黃暉校釋，《論衡校釋》，臺北：臺灣商務印書館，1978。

24. 許慎著，段玉裁注，《說文解字注》，臺北：藝文印書館影印經韻樓本，1966。

25. 劉珍等著，《東觀漢記》，臺北：臺灣中華書局，1967。

26. 王符著，汪繼培箋，《潛夫論箋》，臺北：漢京文化事業有限公司，1984。

27. 應劭著，王利器校注，《風俗通義校注》，臺北：明文書局，1982。

28. 劉熙著，《釋名》，臺北：臺灣商務印書館，《四部叢刊》影印明嘉靖翻宋本，1979。

29. 曹植著，趙幼文校注，《曹植集校注》，臺北：明文書局，1985。

30. 陳壽著，《三國志》，臺北：鼎文書局，1980。

31. 范曄著，《後漢書》，北京：中華書局，1982。

32. 王先謙著，《後漢書集解》，臺北：藝文印書館影印乾隆武英殿刊本，1955。

33. 劉勰著，范文瀾注，《文心雕龍注》，臺北：臺灣開明書店，1966。

34. 陸德明著，《經典釋文》，臺北：鼎文書局，影印通志堂刊本，1972。

35. 虞世南編，《北堂書鈔》，臺北：臺灣商務印書館影印文淵閣《四庫全書》本，1983。

36. 魏徵等著，《隋書》，臺北：鼎文書局，1980。

37. 洪适著，《隸釋》，北京：中華書局影印洪氏晦木齋刻本，1985。

38. 黃宗羲著，《明儒學案》，臺北：河洛圖書出版社，1974。

39. 王夫之著，《讀通鑑論》，臺北：里仁書局，1985。

40. 朱彝尊著，《曝書亭集》，臺北：臺灣商務印書館《四部叢刊》正編影印康熙原刊本，1979。

41. 王鳴盛著，《十七史商榷》，上海：上海書店出版社，2005。

42. 孫星衍等輯，《漢官六種》，北京：中華書局，1990。

43. 皮錫瑞著，《經學歷史》，周予同增註本，臺北：藝文印書館，1966。

44. 皮錫瑞著，《經學通論》，臺北：臺灣商務印書館，1969。

三、近人論著（以作者姓氏筆畫為序）

1. 王國維著，〈漢魏博士考〉，《觀堂集林》，《王國維遺書》第 1 冊，上海：上海古籍書店，1983。

2. 王夢鷗著，《鄒衍遺說考》，臺北：臺灣商務印書館，1966。

3. 〔日〕安居香山、中村璋八輯，《緯書集成》，石家莊：河北人民出版社，1994。

4. 李漢三著，《先秦兩漢之陰陽五行學說》，臺北：維新書局，1968。

5. 沈剛伯著，〈秦漢的儒〉，《大陸雜誌》，38 卷 9 期，1969 年 5 月，頁 277
～282。

6. 周予同著，朱維錚編，《周予同經學論著選集》（增訂本），上海：上海人
民出版社，1996。

7. 屈師翼鵬著，《漢石經周易殘字集證》，臺北：中央研究院歷史語言研究
所，1961。

8. 梁啟超著，〈陰陽五行說之來歷〉，收入《古史辨》第 5 冊，臺北：明倫
出版社，影印樸社初版本，1970。

9. 陳槃著，《古讖緯研討及其書錄解題》，上海：上海古籍出版社，2010。

10. 陳夢家著，《殷虛卜辭綜述》，臺北：臺灣大通書局，1971。

11. 郭沫若著，《兩周金文辭大系圖錄考釋》，上海：上海書店出版社，1999。

12. 勞榦著，〈兩漢刺史制度考〉，刊於《中央研究院歷史語言研究所集刊》，
第 11 本，收入《勞榦學術論文集》甲編上，臺北：藝文印書館，1976。

13. 楊樹藩著，《兩漢中央政治制度與法儒思想》，臺北：臺灣商務印書館，
1969。

14. 龍師宇純著，〈《荀子・正名篇》重要語言理論關係闡述〉，《臺大文史哲
學報》第 18 期，1969 年 5 月，頁 443～455。

15. 龍師宇純著，〈論聲訓〉，《清華學報》新 9 卷 1、2 期合刊，1971 年 9 月，
頁 86～95。

16. 錢穆著，〈兩漢博士家法考〉，收入《兩漢經學今古文平議》，臺北：三民
書局，1971。

17. 戴師靜山著，〈漢武帝抑黜百家非發自董仲舒考〉，收入《梅園論學集》，
臺北：臺灣開明書店，1970。

18. 戴師靜山著，〈兩漢經學思想的變遷——《書經》部分〉，收入《梅園論
學續集》，臺北：藝文印書館，1974。

19. 戴師靜山著，〈兩漢經學思想的變遷——《詩經》部分〉，收入《梅園論
學續集》，臺北：藝文印書館，1974。

20. 戴師靜山著，〈經疏的衍成〉，收入《梅園論學續集》，臺北：藝文印書館，
1974。

21. 嚴耕望著，《中國行政制度史上編，卷上：秦漢地方行政制度》，臺北：
中央研究院歷史語言研究所，1974。

22. 顧頡剛著，〈兩漢州制考〉，中央研究院歷史語言研究所編，《慶祝蔡元培
先生六十五歲論文集》，南京：中央研究院歷史語言研究所，1933～1934。

23. 顧頡剛著，〈五德終始說下的政治和歷史〉，收入《古史辨》第 5 冊，臺
北：明倫出版社，影印樸社初版本，1970。

初版後記

　　本文是我在臺大中國文學研究所寫的碩士論文，於民國六十一年六月印成油印本。這次排印出版，曾經加以修訂。本文從搜集資料到完稿，得到了屈師翼鵬先生的指導與鼓勵。油印本印出後，復蒙戴師靜山先生、龍師宇純先生、王夢鷗先生、程元敏先生等賜閱一過，提出了許多寶貴的意見，使我在治學方面得到了許多可貴的經驗。這些意見，同時成爲本文修訂時最重要的指標。在此特別向上述諸先生致最誠摯的謝意，同時也向許多幫過忙的朋友們致謝。

偉泰　謹識

民國六十五年五月

（一九七六年五月）

附錄：〈競建內之〉與《尚書》說之互證

李偉泰

提　要

〈競建內之〉敘殷高宗祭，有雉雊於彝前云云，與《尚書·高宗肜日》及相關經說可以互證者，約有數事：

一、〈競建內之〉以高宗爲主祭者，與《書序》及漢儒經說相同。〈高宗肜日〉則以高宗爲被祭者，保存了「肜日」之古義，故可推知〈高宗肜日〉之著成時代不得晚至戰國時期。

二、高宗以雉雊之異爲凶兆，但祖己則以此爲「祭之得福者也」，視上天譴告爲可喜之事，與漢儒視災異爲上天對君王關愛之表示，均表現了高度的政治智慧。

三、簡文「格王」一詞，以釋作「告王」最爲妥適。由此條資料，有助於釐定〈高宗肜日〉中「格王」之義，以釋爲「告王」最爲辭達而理順。

四、簡文說傳說政績之一，在於爲高宗復修先王之法，可以補充傳說中傳說之事蹟。

關鍵詞：1. 競建內之　2. 尚書　3. 高宗肜日　4. 漢儒經說

一、引言

《上海博物館藏戰國楚竹書（五）・競建內之》（以下簡稱〈競建〉）敍殷
高宗武丁祭祀時，有雉雊於彝前一段簡文，與《尚書・高宗肜日》之相關經
說可以互證。簡文說：〔註1〕

〔□〕□坴，〔註2〕隰朋與鮑叔牙從。日既，公問二大夫：「日之食
也，曷爲？」鮑叔牙答曰：「星變，災日爲齊。〔註3〕【競建1】競
建內之【競建1背】〔□〕□言日多。」鮑叔牙答曰：「害將來，將
有兵，有憂於公身。」公曰：「然則可啟（說）歟？」隰朋答曰：「公
身【競建5】爲亡道，不遱（遷）於善而啟（說）之，〔註4〕可乎才
（哉）？」公曰：「甚才（哉），吾不潃（賴）。二三子不諦（責）忑
（怒）寡人，至於使日食。」〔註5〕鮑叔牙【競建6】與隰朋曰：〔註
6〕「群臣之辠也。昔高宗祭，有鸜（雉）雊於僕（鈛）。〔註7〕前詔

〔註1〕 簡文次序，從陳劍〈談談《上博（五）》的竹簡分篇、拼合與編聯問題〉。陳
劍又認爲本篇與〈鮑叔牙與隰朋之諫〉可連讀，兩篇本爲一篇。見武漢大學
簡帛網站，2006年2月19日。按：〈鮑叔牙與隰朋之諫〉和〈高宗肜日〉無
涉，故本文對其中內容不作討論。

〔註2〕 本簡上端殘損，「坴」上殘存一橫畫，整理者陳佩芬將其與「坴」字讀作「王
逐」，釋爲「王有迫然禍至之感」。周鳳五不同意此說，將「坴」字及其上缺
文意補爲「日有食之」四字：

根據本篇主題、上下文意、竹簡長度與整簡字數，這裏意補「日有食
之」四字。……簡文以此四字開端，記載齊桓公某年發生日蝕，齊國
大臣鮑叔牙與隰朋藉機勸諫齊桓公改過遷善的一段故事。

按：周鳳五雖未對「坴」字另作釋讀，殘文也不必然是「日有食之」四字，
但這四字用來說明本篇的對話背景卻很合情理。文見其所著〈上博五〈競建
內之〉、〈鮑叔牙與隰朋之諫〉補釋〉，《臺大中文學報》第28期（2008年6
月），頁52。

〔註3〕 原釋文作「鮑叔牙答曰：『星變。』子曰：『爲齊。』」此從陳偉〈〈競建內之〉
〈鮑叔牙與隰朋之諫〉零識〉之說，武漢大學簡帛網站，2006年2月22日。

〔註4〕 「遱」讀爲「遷」，從陳劍說。出處同註1。

〔註5〕 「甚哉」四句，從陳偉說，出處同註3。陳說採用多家說法，並附以己見，其
中「賴」字採季旭昇說，「甚」字採何有祖說，「使」字採陳劍說。「賴」字後
斷句，「責」字、「怒」字，並陳偉說。

〔註6〕 「與」字原釋爲「兵」，此從魯家亮〈讀上博楚竹書（五）札記〉釋讀，武漢
大學簡帛網站，2006年2月18日。

〔註7〕 「僕」字，陳劍（出處同註1）、劉樂賢〈讀上博五〈競建內之〉札記〉、范常
喜《〈上博五・競建內之〉簡2「彝」字試說》（以上二文並見武漢大學簡帛網

（召）祖己而問焉，〔註8〕曰：『是何也？』祖己答曰：『昔先君【競建 2】客（格）王：天不見天，〔註9〕地不生宣（鈘），〔註10〕則訴（祈）諸鬼神，〔註11〕曰：「天地明弃我矣！」近臣不許，〔註12〕遠者不方（謗），〔註13〕則修諸向（鄉）【競建 7】里。今此，祭之得福者也。青（請）量（禳）之以衰汲。〔註14〕既祭之後，焉修先王之濃。』高宗命傅說量（禳）之以【競建 4】祭，既祭，焉命行先王之濃。發古籚（廬），〔註15〕行古作。〔註16〕發（廢）作者死，弗行者死。不出三年，糧（狄）人之怀（附）者七百【競建 3】邦。

站，2006 年 2 月 20 日）、許無咎〈上博楚竹書（五）〈競建内之〉篇札記〉（武漢大學簡帛網站，2006 年 2 月 25 日）等並釋爲「彝」，惟照此説則鮑叔牙、隰朋之言有空泛之失，周鳳五以爲此字當爲「鈘」之假借，《爾雅·釋器》：鼎「附耳外謂之鈘。」郭《注》：「鼎耳在表。」如此則與《書序》等書所述有飛雉升鼎耳而雊之説相合（詳見本文第二節所引）。茲從之。出處同注2，頁 55。

〔註8〕 「詔」，原釋爲「譔」，周鳳五釋爲「召」字，並與上文連讀作「前召」：
　　　　簡文此字下從言，左上從刀，右上從卩，爲「詔」字之訛，讀爲「召」，
　　　　與上文連讀作「前召」，指導者紆尊降貴，趨前而召問卑者，這是一
　　　　種急切或積極的態度。
　　　　茲從之。出處同前注。
〔註9〕 「天」字原讀爲「禹」，多家釋爲「害」字，此從陳劍〈也談〈競建内之〉簡7 的所謂「害」字〉之説：「此字當釋爲『天』，讀爲『妖』或『祆』。」武漢大學簡帛網站，2006 年 6 月 16 日。
〔註10〕 「鈘」字從季旭昇〈上博五芻議（上）〉釋讀，武漢大學簡帛網站，2006 年 2 月 18 日。
〔註11〕 「訢」原釋爲「訴」，季旭昇以爲當係誤植，字右旁從「斤」不從「斥」，從「斤」聲可讀爲「祈」，與「禱」同意。出處同前注。
〔註12〕 「近」字原釋爲「從」，此從何有祖〈上博五楚竹書〈競建内之〉札記五則〉釋讀，武漢大學簡帛網站，2006 年 2 月 18 日。
〔註13〕 「方」讀爲「謗」，從季旭昇説，出處同注 10。
〔註14〕 「青（請）」原釋爲「周」，此從陳劍釋讀。出處同注1。「量」讀爲「禳」，從林志鵬〈楚竹書〈鮑叔牙與隰朋之諫〉補釋〉，武漢大學簡帛網站，2007 年 7 月 13 日。「衰汲」原釋爲「寑汲」，何有祖讀爲「衰汲」，出處同注12，其義待考。周鳳五改釋爲「繹祭」，即祭之明日又祭。由於論證建立在簡文訛誤、假借的前提上，所以還不能肯定的視爲定論。出處同注2，頁 59。
〔註15〕 「廬」字從季旭昇説，出處同注 10。
〔註16〕 周鳳五釋「發古籚，行古作。」二句爲「發古税，行古籍。」認爲「發古税」是施行古代的農田之税，「行古籍」是施行古代的工商之賦，二者都較春秋戰國時代爲輕。出處同注2，頁 59～60。

〔註17〕此能從善而去禍者。」……

以上所引〈競建〉，和以〈高宗肜日〉爲中心的《尚書》說有數處可以互證，
下文分項加以說明。

二、〈高宗肜日〉之著成時代不得晚至戰國

〈競建〉說：「昔高宗祭，有雉雊於彝前。」與「高宗肜日」作爲篇題和
經文，長期以來被理解爲高宗祭成湯的認知相同。茲引錄數則早期《書》說
如下：

　　《書序》：「高宗祭成湯，有飛雉升鼎耳而雊。」〔註18〕

　　《尚書大傳》：「武丁祭成湯，有飛雉升鼎耳而雊。」〔註19〕

　　《史記·殷本紀》：「帝武丁祭成湯，明日，有飛雉登鼎耳而呴。」

　　〔註20〕

此外，《說苑·辨物篇》、《漢書·杜鄴傳》引鄴〈方正直言對策〉、揚雄〈兗
州牧箴〉、《論衡·異虛篇》、《漢書·郊祀志》等說法均同，〔註21〕大概最晚
從戰國以來的認知，都是高宗祭成湯時，有飛雉登鼎耳而雊之異象。

　　到宋代金履祥，元代鄒季友，才認爲應當是祖庚祭武丁，武丁是被祭者
而非主祭者。金氏《尚書表注》說：

　　高宗，廟號也，似謂高宗之廟。肜，近廟也，似是祖庚繹于高宗之
　　廟。〔註22〕

鄒氏《書經集傳音釋》說：

〔註17〕 「狄」、「附」二字釋讀從李天虹〈上博五〈競〉、〈鮑〉篇校讀四則〉，武漢大
　　　　學簡帛網站，2006 年 2 月 19 日。陳偉以爲「狄」當讀爲「逖」，「逖人」即「遠
　　　　人」之意。出處同注 3。
〔註18〕 僞孔傳，孔穎達疏：《尚書注疏》（臺北：藝文印書館，1976 年 5 月，影印嘉
　　　　慶二十年〔1815〕江西南昌府學刊本），卷 10，頁 8 下。
〔註19〕 陳壽祺：《尚書大傳輯校》（臺北：藝文印書館，1965 年 10 月，影印《皇清經
　　　　解續編》本），卷 1，頁 27 上。
〔註20〕 《史記》（北京：中華書局，2011 年 5 月），頁 103。
〔註21〕 見向宗魯：《說苑校證》（北京：中華書局，1987 年 7 月），頁 445。《漢書》（北
　　　　京：中華書局，2010 年 11 月），頁 3478、1192。張震澤：《揚雄集校注》（上
　　　　海：上海古籍出版社，1993 年 10 月），頁 318。黃暉：《論衡校釋》（臺北：
　　　　臺灣商務印書館，1978 年 2 月），頁 208。
〔註22〕 《尚書表注》（臺北：臺灣大通書局，1969 年 10 月，影印《通志堂經解》本），
　　　　卷上，頁 30 上。

> 此必祖庚肜祭高宗之廟，而祖己諫之，故有豐昵之戒。辭旨淺直，
> 亦告少主之語耳。肜祭高宗而曰高宗肜日者，謂於高宗之廟肜祭之
> 日也。〔註23〕

金氏和鄒氏的推論雖然正確，但是因為提不出明確的證據，所以難以說服後來的多數學者，不能成為《尚書》說的主流，例如清代孫星衍《尚書今古文注疏》、皮錫瑞《今文尚書考證》、簡朝亮《尚書集注述疏》、吳汝綸《尚書故》等書，〔註 24〕也都還是沿用《書序》和漢儒舊說。直到王國維著〈高宗肜日說〉，根據甲骨卜辭的資料，才為金履祥的說法提供了確證。王氏的說法有三個要點：

（一）按照卜辭的文例，「肜日」上的人名，「皆謂所祭之人，而非主祭之人。此經言高宗肜日，不得釋為高宗祭成湯。」

（二）祖己即武丁之子，祖庚之兄孝己。經稱「祖己」，則其著於竹帛，必在孫輩武乙之後。而由〈西伯戡黎〉，紂之諸父兄弟有「祖伊」參之，則〈商書〉之著於竹帛，當在宋之初葉。

（三）經稱「典祀無豐于昵」，昵之訓為禰廟（父廟），則「高宗肜日」為祖庚祭高宗之廟，而非高宗祭成湯無疑。

王氏還感歎的指出金履祥的說法「雖與《書序》及古今文家說不同，然得其證於後出之卜辭，可知殷之史事在周世已若存若亡，此孔子所以有文獻不足之歎歟！」〔註25〕

殷亡周繼，制度之變革空前激烈。「肜日」之義，當隨祀禮之改變而逐漸為人所淡忘。王國維推測〈高宗肜日〉當作於武乙之後，宋之初葉，是有其合理性的。今由〈競建〉之文，可知到了戰國時期，當時人已將雉雊之異視為高宗祭成湯時之事。所以假使由戰國時代之人著作〈高宗肜日〉，自然不可能使用「肜日」之古義，將「高宗肜日」定義為祖庚肜祭高宗。

王國維的論述雖然證據確鑿，但還是沒有普遍為學者所依從。例如顧頡

〔註23〕《書經集傳音釋》（光緒十五年〔1889〕江南書局刊本），卷3，頁53上。

〔註24〕孫星衍：《尚書今古文注疏》（北京：中華書局，1986 年 12 月），頁 242～243。皮錫瑞：《今文尚書考證》（北京：中華書局，1989 年 12 月），頁 216。簡朝亮：《尚書集注述疏》（臺北：鼎文書局，1972 年 4 月），卷 7，頁 1 上～1 下。吳汝綸《尚書故》（收入《吳汝綸全集》第二冊，合肥：黃山書社，2002 年 9 月），頁 579。

〔註25〕《觀堂集林》（收入《王國維遺書》第一至四冊，上海：上海古籍書店，1983 年 9 月），卷 1，頁 5 上～7 上。

剛答胡適〈論今文尚書著作時代書〉、張西堂《尚書引論》，皆以〈高宗肜日〉為東周作品；李泰芬《今文尚書正偽》，以〈高宗肜日〉為戰國初年作品；陳夢家《尚書通論》，將〈高宗肜日〉視為戰國時代的著作；先師屈翼鵬先生《尚書集釋》，也以為〈高宗肜日〉之作成時代，似當在戰國之世。蔣善國《尚書綜述》，更以為其寫定大概在秦始皇并天下的時候。〔註26〕

〈高宗肜日〉著成時代之上限，既以武乙之後至宋之初葉一段時間較為合理；由〈競建〉之出土，可知其下限不能晚到戰國時期。至於更明確的年代，則還有待論定。

三、與漢儒雊雉兆示異說之比較

〈競建〉載桓公問日食何為？鮑叔牙與隰朋以高宗祭祀時有雊雉之異相類比，顯然認定高宗視此異象為凶兆；祖己以為「此祭之得福者也」，指先君以「天不見夭，地不生孽」為天地棄我之表示。其中思路，可與漢儒之經說相比較。

漢儒經說，絕大部分以雊雉之異象為凶兆，但亦有以為吉兆者。關於前者，各家對異象之解說及應變方式亦有不同。《史記‧殷本紀》說：

> 帝武丁祭成湯，明日，有飛雉登鼎耳而呴，武丁懼。祖己曰：「王勿憂，先修政事。」祖己乃訓王曰：「……嗚呼！王嗣敬民，罔非天繼，常祀毋禮于棄道。」武丁修政行德，天下咸驩，殷道復興。〔註27〕

由「武丁懼」及祖己告「王勿憂」之語，知以雊雉之異象為凶兆。其應變之方式為祀禮不違常道，修政行德。由「天下咸驩，殷道復興」二句，可知應變得宜，凶兆亦可以致福果。〈封禪書〉及《漢書‧郊祀志》將祖己之語簡化為「修德」，〔註28〕含意略同。《漢書‧五行志》載王音等上成帝言：「經載高

〔註26〕顧頡剛文收入《古史辨》第一冊下編（臺北：明倫出版社，1970 年 3 月，影印樸社初版本），頁 201。張西堂：《尚書引論》（臺北：崧高書社，1985 年 9 月），頁 224～225。李泰芬：《今文尚書正偽》（臺北：力行書局，1970 年 6 月，影印民國 20 年〔1931〕萊薰閣刻本），頁 203～209。陳夢家：《尚書通論》（北京：中華書局，1985 年 10 月），頁 112。屈師翼鵬：《尚書集釋》（臺北：聯經出版事業公司，1983 年 2 月），頁 99。蔣善國：《尚書綜述》（上海：上海古籍出版社，1988 年 3 月），頁 210。

〔註27〕《史記》，頁 103。

〔註28〕《史記》，頁 1356。《漢書》，頁 1193。

宗雊雉之異，以明轉禍爲福之驗。」〔註29〕正說明漢儒此種思維。

〈五行志〉載劉向、歆父子及「一曰」對此異象的解說，並及高宗之應變方式：

> 劉向以爲雊雉鳴者，雄也，以赤色爲主。於《易》，〈離〉爲雉，雉，南方，近赤祥也。劉歆以爲羽蟲之孽。《易》有〈鼎卦〉，鼎，宗廟之器；主器奉宗廟者，長子也；野鳥自外來，入爲宗廟器主，是繼嗣將易也。一曰：鼎三足，三公象，而以耳行，野鳥居鼎耳，小人將居公位，敗宗廟之祀。野木生朝，野鳥入廟，敗亡之異也。武丁恐駭，謀於忠賢，修德而正事，內舉傅說，授以國政，外伐鬼方，以安諸夏，故能攘木鳥之妖，致百年之壽。〔註30〕

劉向所謂「赤祥」，本於伏生《洪範五行傳》中的〈視傳〉：「視之不明，……時則有赤眚赤祥。」〔註31〕劉歆則以爲係「羽蟲之孽」，〈五行志〉說：「火色赤，故有赤眚赤祥。……劉歆〈視傳〉曰：『有羽蟲之孽，雞旤。』」〔註32〕此處祥字係災禍之義，段玉裁《說文解字注》：「凡統言則災亦謂之祥，析言則善者謂之祥。」〔註33〕王先謙《漢書補注》：「赤祥、羽蟲之孽互見。」〔註34〕在解說雊雉的現象時，劉向、歆父子引進了《洪範五行傳》的說法，理論雖然比較複雜，但以雊雉之異爲凶兆則並無不同。關於高宗的應變方式，以「謀於忠賢，修德正事」等自省動作攘除可能的災害，而非禱祀禳解等訴求鬼神之力以免除災禍，在貌似迷信的災異說中透出高明的政治智慧。

劉歆以野鳥自外來，入爲宗廟器主，爲繼嗣將易之徵兆；「一曰」以野鳥居鼎耳，爲小人將居公位，敗宗廟之祀之兆；野鳥入廟，爲敗亡之異，都指向具體的事件。漢儒經說有許多類似的例子，如《漢書‧外戚傳》載成帝報許皇后書說：

> 《書》云：「高宗肜日，粵有雊雉。祖己曰：『惟先假王正厥事。』」……

〔註29〕《漢書》，頁1417。

〔註30〕《漢書》，頁1411。

〔註31〕《漢書》，頁1405。

〔註32〕《漢書》，頁1406。

〔註33〕段玉裁：《說文解字注》（臺北：藝文印書館，1970年6月，影印經韻樓原刻本），卷1上，頁5上。

〔註34〕王先謙：《漢書補注》（臺北：藝文印書館，1955年，影印光緒庚子〔1900〕長沙王氏校刊本），卷27中之下，頁5上。

即飭椒房及掖庭耳。〔註35〕

〈五行志〉載成帝時亦有雉雊之異，車騎將軍王音等因此上言：

> 鴻嘉二年三月，博士行大射禮，有飛雉集于庭，歷階登堂而雊。後
> 雉又集太常、宗正、丞相、御史大夫、大司馬車騎將軍之府，又集
> 未央宮承明殿屋上。時大司馬車騎將軍王音、待詔寵等上言：「天地
> 之氣，以類相應，譴告人君，甚微而著，雉者聽察，先聞雷聲，故
> 〈月令〉以紀氣。經載高宗雊雉之異，以明轉禍爲福之驗。今雉以
> 博士行禮之日大眾聚會，飛集於庭，歷階登堂，⋯⋯徑歷三公之府，
> 太常宗正典宗廟骨肉之官，然後入宮。其宿留告曉人，具備深切，⋯⋯
> 今（陛下）即位十五年，繼嗣不立，日日駕車而出，泆行流聞，⋯⋯
> 皇天數見災異，⋯⋯宜謀於賢知，克己復禮，以求天意，繼嗣可立，
> 災變尚可銷也。」〔註36〕

這二則的共同點是以雉雊之異應宮闈繼嗣之缺。《書疏》引鄭玄說，則以爲當
任三公之謀以爲政：

> 鼎，三公象也，又用耳行。雉升鼎耳而鳴，象視不明。天意若云：「當
> 任三公之謀以爲政。」〔註37〕

總之，漢儒經說雖然絕大多數主張雉雊爲凶兆，但究竟是哪一種凶事，則說
法不一。至於回應災異的態度，則又同樣主張應之以德以善，除了上文所引
的例證之外，杜欽〈賢良方正對策〉說：

> 變感以類相應，人事失於下，變象見於上。能應之以德，則異咎消
> 亡；不能應之以善，則禍敗至。高宗遭雊雉之戒，飭己正事，享百
> 年之壽，殷道復興，要在所以應之。〔註38〕

對於任何凶兆，「能應之以德，則異咎消亡；不能應之以善，則禍敗至。」可
以概括許多開明漢儒對災異的回應態度。

漢儒經說，亦有以雉雊爲吉兆者。《尚書大傳》說：

> 武丁祭成湯，有飛雉升鼎耳而雊。武丁問祖己，祖己曰：「雉者，野
> 鳥也。不當升鼎，今升鼎者，欲爲用也，遠方將有來朝者乎？」故

〔註35〕《漢書》，頁 3980。
〔註36〕《漢書》，頁 1417～1418。
〔註37〕《尚書注疏》，卷 10，頁 9 上。
〔註38〕《漢書》，頁 2671。

武丁內反諸己，以思先王之道，三年，編髮重譯來朝者六國。〔註39〕
對於吉兆和凶兆的異說，王充雖然不信災異說，但姑且先贊同吉兆的說法。《論衡‧異虛篇》說：

> 高宗祭成湯之廟，有蜚雉升鼎而雊，祖己以爲遠人將有來者。說《尚
> 書》家謂雉凶，議駁不同，且從祖己之言，雉來吉也。〔註40〕

〈指瑞篇〉爲此補充了一個理由：

> 祖乙（己）見雉有似君子之行（〈異虛篇〉說「雉耿介有似於士」），
> 今從外來，則曰遠方君子將有至者矣。〔註41〕

以上諸說，可謂五花八門：或以爲凶，或以爲吉，或以爲祀禮不合常道，或以爲赤祥，或以爲繼嗣將易，或以爲小人將居公位，或以爲敗亡之異，或以爲指向宮闈繼嗣之缺，或以爲當信任三公之謀，或以爲遠人將來朝。針對這種異說紛陳的現象，皮錫瑞的解釋很有道理：

> 諸說或渾言之，或即一事言之，皆非專指繼嗣。所以然者，上天示
> 異，初不明言，大臣因事納忠，亦非一端而已。祖己曰：「正厥事。」
> 則凡用人行政，以及宮闈繼嗣，皆在正事之中，高宗修德攘災，亦
> 不專在一事。說《尚書》者或云雉吉，或云雉凶，其義雖異，而皆
> 可通。蓋上天示變，則疑於凶，修德攘災，則轉爲吉也。〔註42〕

皮氏說：「大臣因事納忠，亦非一端而已。」可謂一語道破這類經說產生的主要原因。換句話說，怎樣解釋異象，得看當時的政治需要而定。

〈競建〉對天人關係的態度非常值得注意，祖己不僅不厭惡災異，甚至把災異不生視爲天地對君主的遺棄：

> 昔先君客（格）王：「天不見天，地不生孽，則訴（祈）諸鬼神，曰：
> 『天地明弃我矣！』」

漢代《春秋》家有類似說法，並進而有樂受天譴之說。《春秋繁露‧必仁且智篇》說：

> 《春秋》之法，上變古易常，應是而有天災者，謂幸國。……楚莊
> 王以天不見災，地不見孽，則禱之於山川曰：「天其將亡予邪！不說

〔註39〕《尚書大傳輯校》，卷1，頁27上～27下。
〔註40〕《論衡校釋》，頁208～209。
〔註41〕同前註，頁746。
〔註42〕《今文尚書考證》，頁220。

吾過，極吾罪也。」以此觀之，天災之應過而至也，異之顯明可畏

也，此乃天之所欲救也，《春秋》之所獨幸也，莊王所以禱而請也。

聖主賢君，尚樂受忠臣之諫，而況受天譴也。〔註43〕

此說爲劉向《說苑・君道篇》所採：

楚莊王見天不見妖，而地不出孽，則禱於山川曰：「天其忘予歟？」

此能求過於天，必不逆諫矣。安不忘危，故能終而成霸功焉。〔註44〕

參照董仲舒第一次〈賢良文學對策〉的一段話：

臣謹案《春秋》之中，視前世已行之事，以觀天人相與之際，甚可

畏也。國家將有失道之敗，而天乃先出災害以譴告之，不知自省，

又出怪異以警懼之，尚不知變，而傷敗乃至。以此見天心之仁愛人

君而欲止其亂也。自非大亡道之世者，天盡欲扶持而全安之，事在

彊勉而已矣。〔註45〕

以上論述把災異視爲上天對君主關愛的表示，表現了古代「聖君賢相」的開

明態度和高度的政治智慧。

〈競建〉對羣臣諫諍和民間輿論採取歡迎，乃至惟恐聽不到的態度：

近臣不訐，遠者不方（謗），則修諸向（鄉）里。

與儒家重視納諫的理論吻合，《孝經》視諫諍爲孝行之一，因而有〈諫諍章〉

之設：

曾子曰：「……敢問子從父之令，可謂孝乎？」子曰：「是何言與！

是何言與！昔者天子有爭臣七人，雖無道不失其天下；諸侯有爭臣

五人，雖無道不失其國；大夫有爭臣三人，雖無道不失其家；士有

爭友，則身不離於令名；父有爭子，則身不陷於不義。故當不義，

則子不可以不爭於父，臣不可以不爭於君。故當不義則爭之，從父

之令，又焉得爲孝乎！」〔註46〕

〈競建〉對諫諍的態度同於儒家，與法家和黃老學派嚴禁臣下諫諍的態度大

不相同，這也是一個值得注意的現象，所以特別在此一提。

〔註43〕 蘇輿：《春秋繁露義證》（臺北：河洛圖書出版社，1974 年 3 月，影印宣統庚
　　　　 戌〔1910〕刊本），卷 8，頁 25 上～25 下。

〔註44〕 《說苑校證》，頁 24。

〔註45〕 《漢書・董仲舒傳》，頁 2489。

〔註46〕 唐玄宗注，邢昺疏：《孝經注疏》（臺北：藝文印書館，1976 年 5 月，影印嘉
　　　　 慶二十年〔1815〕江西南昌府學刊本），卷 7，頁 3 上～4 上。

四、有助於釐定「格王」一詞之釋義

〈高宗肜日〉中祖己說：「惟先格王，正厥事。」歷代學者對於「格王」一詞，有多種不同的解釋，下文參考顧頡剛、劉起釪的說法，﹝註47﹞增補若干資料，將前人的說法歸納為八種：

（一）寬暇王心。

「格王」之「格」，漢代今文家作「假」。《漢書・成帝紀》、〈五行志〉、〈孔光傳〉、〈外戚傳〉、《後漢書・律曆志》等引《書》，「格王」皆作「假王」。﹝註48﹞《史記・殷本紀》載：「祖己曰：『王勿憂，先修政事。』」﹝註49﹞孫星衍《尚書今古文注疏》說：

> 史公云「王勿憂」者，疑釋「假王」為寬暇王心。《詩・長發》云：「昭假遲遲。」《箋》云：「假，暇。」又以為「寬暇」。王粲〈登樓賦〉云：「聊暇日以銷憂。」《文選》王元長〈曲水詩序〉引《孫子兵法》曰：「優游暇譽。」是假與暇通也。﹝註50﹞

所以孫氏認為司馬遷所據本「格王」也作「假王」，並把「假」視為「暇」的通假字，故釋「假王」為「王勿憂」，即「寬暇王心」之意。

（二）至道之王。

《偽孔傳》釋「惟先格王正厥事」為：「言至道之王遭變異，正其事而異自消。」孔穎達《疏》補釋「先」字說：「惟先世至道之王遭遇變異，則正其事而異自消也。」顏師古《漢書注》釋孔光〈日蝕對〉略同：「言先代至道之王必正其事。」孔《疏》又說：「格訓至也。至道之王，謂用心至極，行合於道，遭遇變異，改脩德教，正其事而異自消。」﹝註51﹞

﹝註47﹞ 顧頡剛、劉起釪著：《尚書校釋譯論》（北京：中華書局，2005 年 4 月），頁 1001～1003。其結論為：

> 以上各家釋「寬暇」、釋「譴告」、釋「至」、釋「正」、釋「暇」、釋「閣」、釋「告」，眾說紛紜，各就所說尋其意義，似以宋人訓「正」、近人訓「告」這兩個動詞意義較為可通。……故此句似以釋作「先告王改正政事」這一意義較妥。

按：「格王」以釋作「告王」最為妥適，說詳本文疏釋。

﹝註48﹞ 見《漢書》，頁 303、1411、3359、3980。《後漢書》（北京：中華書局，1982 年 8 月），頁 3026。

﹝註49﹞ 《史記》，頁 103。

﹝註50﹞ 《尚書今古文注疏》，頁 244。

﹝註51﹞ 《偽孔傳》及孔穎達《疏》見《尚書注疏》，卷 10，頁 9 下～10 上。師古《注》

（三）大道之王。

《漢書‧五行志》：「祖己曰：『惟先假王正厥事。』」師古《注》：「假，大也。言先代大道之王能正其事，而災異銷也。」〔註52〕按：「至道之王」與「大道之王」含意相似，顏師古或因此而兩用之。

（四）正王。

宋儒釋「格」爲「正」，其依據爲《孟子‧離婁上》「惟大人爲能格君心之非」趙岐《注》：「格，正也。」〔註53〕蘇軾《書傳》說：

> 繹祭之日，野雉雊于鼎耳，此爲神告王以宗廟祭祀之失審矣，故祖己以謂當先格王心之非。蓋武丁不專脩人事，數祭以媚神，而祭又豐于親廟，儉于遠者，敬其父，薄其祖，此失德之大者，**故傳說、祖己皆先格而正之。**〔註54〕

林之奇《尚書全解》說：

> 蘇氏之意，蓋以謂祖己將諫于王，則當先格王心之非，使正其事。**其於「格王」，如《孟子》所謂「惟大人爲能格君心之非」之「格」也。**某竊謂先儒之說（按：指《僞孔傳》）誠善，然以上下之文勢觀之，則蘇氏之說爲長。〔註55〕

蔡沈《書經集傳》說：

> **格，正也。猶格其非心之格。**……祖己自言當先格王之非心，然後正其所失之事。「惟天監民」以下，格王之言；「王司敬民」以下，正事之言也。〔註56〕

以上諸說，均將「格王」釋爲「正王」。

（五）嘏王。嘏，大也。

清儒莊述祖釋「格王」爲「嘏王」。莊氏外甥劉逢祿《尚書今古文集解》

見《漢書》，頁3360。

〔註52〕《漢書》，頁1411。

〔註53〕趙岐注，孫奭疏：《孟子注疏》（臺北：藝文印書館，1976年5月，影印嘉慶二十年〔1815〕江西南昌府學刊本），卷7下，頁9下。

〔註54〕《東坡書傳》（臺北：藝文印書館，1965年，《百部叢書集成》影印《學津討原》本），卷8，頁23上。

〔註55〕《尚書全解》（臺北：臺灣大通書局，1969年10月，影印《通志堂經解》本），卷21，頁3上～3下。

〔註56〕《書經集傳》（臺北：世界書局，1967年9月），頁62。

述其說云：

> （格王之格）今文作假也。假讀為蝦，此與逸《書・嘉禾篇》「假王
> 蒞政，勤和天下。」皆蝦王之事也。〔註57〕

按：王引之《經義述聞》釋《尚書・呂刑》「庶有格命」，說格與蝦通：

> 格讀為蝦。格命，蝦命也。《逸周書・皇門篇》：「用能承天蝦命。」
> 《爾雅》曰：「蝦，大也。」〈君奭〉曰：「其集大命于厥躬。」與此
> 同義。「庶有蝦命」者，言庶幾受祿于天，保右命之尊大之，則曰蝦
> 命耳。古字格與蝦通。〈士冠禮〉：「孝友時格。」鄭《注》曰：「今
> 文格為蝦。」〈少牢饋食禮〉：「以假于主人。」《注》曰：「古文蝦為
> 格。」是也。〔註58〕

可為莊說提供佐證，惟「格王」並不必然應釋作「蝦王」。

（六）止王。

朱駿聲《尚書古注便讀》說：「格，閣也，止也。事即下文豐昵之事。」
〔註59〕按：謂阻止王於祭祀時豐于昵廟。朱氏《說文通訓定聲》謂格假借為
閣：「《小爾雅・廣詁》：『格，止也。』《史記・梁孝王世家》：『竇太后被（義）
格。』《索隱》：『竝閣也。』《漢書・淮南王安傳》：『格明詔。』《注》：『謂被
（竝）閣不行之。』」〔註60〕

（七）（譴）告王。

孔光〈日蝕對〉：

> 《書》曰：「惟先假王正厥事。」言異變之來，起事有不正也。臣聞
> 師曰：「天左與王者，故災異數見，以譴告之，欲其改更。」〔註61〕

按：孔光師承大夏侯《尚書》之學，據上引說法，是大夏侯釋「假」字為「告」
義，「譴告」云者，「譴」字據所告之內容而加，非「假」字原有之義。

〔註57〕 《尚書今古文集解》（臺北：藝文印書館，1965年10月，影印《皇清經解續
　　　　　編》本），卷7，頁1下。

〔註58〕 《經義述聞》（臺北：世界書局，1963年4月），卷4，頁26下。

〔註59〕 《尚書古注便讀》（臺北：廣文書局，1977年1月，影印民國24年〔1935〕
　　　　　華西協合大學刊本），卷3，頁19上。

〔註60〕 《說文通訓定聲》（北京：中華書局，1984年6月，影印臨嘯閣刻本），卷9，
　　　　　頁122下。此本朱氏引文多訛誤，以括號注明，不逕改。

〔註61〕 《漢書・孔光傳》，頁3359。

（八）告王。

吳汝綸《尚書故》解釋本篇「格王」二字說：

> 「格王」者，告王也。孔光〈日蝕對〉引此經云：「天右與王者，故
> 災異數見，以譴告之，欲其改更。」「譴告」，釋經「假王」；「欲其
> 改更」，釋「正厥事」：是亦以「假」爲告也。〔註62〕

吳氏又釋〈湯誓〉「格爾眾庶」說：

> 格，與假同字，「格爾」者，告爾也。《呂覽·士容篇》「其鄰假以買
> 取鼠之狗」，高誘《注》：「假，猶請也。」《爾雅·釋詁》：「請，告
> 也。」孟康《漢書注》「古者名吏休假曰告」，是假有告義也。「格爾」，
> 即假爾，《禮》之「假爾大龜」、「假爾大筮」，是其例，皆謂告爾也。
> 《周書·皇門解》「爾假余德憲」，假，亦當訓告。解者均失其詁。
> 格，又與嘏同字，《儀禮·少牢饋食禮》「以嘏于主人」，嘏，亦告也。
> 鄭《注》：「古文格爲嘏。」……此以「格爾眾庶」發端，猶司馬相
> 如檄云「告巴蜀太守」，陳琳檄云「告江東諸將校部曲」。〔註63〕

楊筠如《尚書覈詁》說：

> 格，《漢書·孔光傳》作假。凡古文作格，今文皆作假。按：假與嘉
> 通，《詩·假樂》，《孟子》引作〈嘉樂〉可證。而嘉又作綏，如〈盤
> 庚〉「德嘉績于朕邦」，《漢石經》作綏可證。綏，告也。此格亦道告
> 之意。格、告亦雙聲也。〔註64〕

〈競建〉的出土，爲吳氏和楊氏的說法補充了一條有力的佐證：

> 昔先君客（格）王：「天不見天，地不生孽，則訢（祈）諸鬼神，曰：
> 『天地明弃我矣！』……」

此處「格王」，以釋作「告王」最爲妥適，「天不見天」以下即祖己所告之內
容。《尚書》學家釋「格王」爲「寬暇王心」、「至道之王」、「大道之王」（以
上二解含意相似）、「正王」、「嘏王」、「止王」、「（譴）告王」（與釋爲「告王」
近似），用來解說〈高宗肜日〉中的「惟先格王，正厥事。」雖然勉強可以說
得通，卻都難以適用〈競建〉「惟先君客（格）王」一段。故由此一現象，有
助於釐定前人關於「格王」的各種解釋，以釋爲「告王」最爲辭達而理順。

〔註62〕《尚書故》，頁580。
〔註63〕同前注，頁544～545。
〔註64〕《尚書覈詁》（臺北：學海出版社，1978年2月），頁46上。

五、傅說政績之補充

　　傳世文獻關於傅說的事蹟，有令人印象深刻的部分，即武丁夢得傅說的故事。至於傅說輔助武丁的政績，則頗爲模糊。關於傅說的出身，以《史記‧殷本紀》所述最爲詳細，茲先引錄其說：

> 帝武丁即位，思復興殷，而未得其佐。三年不言，政事決定於冢宰，以觀國風。武丁夜夢得聖人，名曰說。以夢所見視羣臣百吏，皆非也。於是迺使百工營求之野，得說於傅險中。是時說爲胥靡，築於傅險。見於武丁，武丁曰是也。得而與之語，果聖人，舉以爲相，殷國大治。故遂以傅險姓之，號曰傅說。〔註65〕

其史料來源，當本於《國語‧楚語上》、《墨子‧尙賢下》、《孟子‧告子下》、《書序》等書。《國語‧楚語上》載白公諫楚靈王說：

> 昔殷武丁能聳其德，至於神明，以入於河，自河徂亳，於是乎三年，默以思道。卿士患之，曰：「王言以出令也，若不言，是無所稟令也。」武丁於是作書，曰：「以余正四方，余恐德之不類，茲故不言。」如是而又使以象夢旁求四方之賢，得傅說以來，升以爲公，而使朝夕規諫，曰：「若金，用女作礪。若津水，用女作舟。若天旱，用女作霖雨。啓乃心，沃朕心。若藥不瞑眩，厥疾不瘳。若跣不視地，厥足用傷。」若武丁之神明也，其聖之睿廣也，其智之不疚也，猶自謂未乂，故三年默以思道。既得道，猶不敢專制，使以象旁求聖人。既得以爲輔，又恐其荒失遺忘，故使朝夕規誨箴諫，曰：「必交修余，無余棄也。」今君或者未及武丁，而惡規諫者，不亦難乎！〔註66〕

除傅說的出身外，突顯武丁交付給傅說的工作在於「朝夕規諫」，與此章章旨相合。《潛夫論‧五德志》所述相同，〔註67〕當係取材於〈楚語〉。《墨子‧尙賢下》（〈尙賢中〉內容相似）說：

> 昔者傅說居北海之洲，圜土之上，衣褐帶索，庸築於傅巖之城。武丁得而舉之，立爲三公，使之接天下之政，而治天下之民。〔註68〕

「使接天下之政，而治天下之民。」在本篇乃是泛說，上文說堯舉舜，湯舉

〔註65〕《史記》，頁102。

〔註66〕《國語》（臺北：九思出版有限公司，1978年11月），頁554。

〔註67〕汪繼培箋，彭鐸校正：《潛夫論箋校正》（北京：中華書局，1985年9月），頁399。

〔註68〕孫詒讓：《墨子閒詁》（臺北：華正書局，1987年3月），頁62。

伊尹，也莫不如此。《孟子‧告子下》說：

> 傳說舉於版築之間。〔註69〕

《書序》說：

> 高宗夢得說，使百工營求諸野，得諸傅巖，作〈說命〉三篇。〔註70〕

〈說命〉三篇已佚，今《尚書》中〈說命〉三篇，乃晉人所傳僞本。其他先秦兩漢傳世文獻，所載傳說事蹟，均不超出以上所述。〈競建〉說：

> 高宗命傅說量（禳）之以祭，既祭，焉命行先王之澧。發古慮，行古作。發（廢）作者死，弗行者死。不出三年，糧（狄）人之懷（附）者七百邦。

指出傅說政績之一，在於爲高宗執行復修先王之法，並且取得了極大的成效。這一條資料，爲傳說中模糊的傳說政績補充了一則具體事蹟。〔註71〕雖然我們還是只能視它爲傳說中的歷史故事，不能就此肯定它就是歷史事實。不過在極度貧乏的上古史料中增添了這一則傳說的事蹟，終究是一件令人興奮的事。

六、結論

上文就〈競建〉與《尚書‧高宗肜日》及相關經說互證，可得如下幾點結論：

（一）〈高宗肜日〉以高宗爲被祭者，保存了「肜日」一詞之古義。〈競建〉則與《書序》及漢儒經說相同，以高宗爲主祭者。從而可以推知〈高宗肜日〉的著成時代不可能晚至戰國時期。

（二）高宗以雉雛之異爲凶兆，祖己則以爲此乃「祭之得福者也」，指先君以「天不見天，地不生孽」爲天地棄我之明證，與漢儒視災異爲上天對君王關愛之表示，均表現了高度的政治智慧。

（三）〈高宗肜日〉「格王」一詞，舊解頗爲紛歧。簡文「昔先君客（格）

〔註69〕《孟子注疏》，卷12下，頁12上～12下。

〔註70〕《尚書注疏》，卷10，頁1上。

〔註71〕此一「先王之法」的內容，周鳳五釋「發古慮，行古作。」二句，以爲是施行古代的農田之稅和工商之賦，二者都較春秋戰國時代爲輕。說詳注16。這樣傳說所執行的「復修先王之法」就更爲具體了。清華大學所收藏的戰國簡有〈傅說之命〉，期待該篇公開之日，能夠提供更多有關武丁和傅說的史料，並且印證周說。　補注：新出土〈說命〉上、中、下三篇，收錄於《清華大學藏戰國竹簡》（叁），於2012年12月由中西書局出版，可惜還是無法據此對「行先王之法，發古慮，行古作」三句作出明白的解說。

王」數句，其中「格王」一詞，以釋作「告王」最爲妥適。「天不見天」以下，即祖己所告之內容。故由此條資料，有助於釐定〈高宗肜日〉中「格王」之義，以釋爲「告王」最爲辭達而理順。

（四）簡文說傳說政績之一，在於爲高宗復修先王之法，並取得了極大的成效，可以補充傳說中傳說之事蹟。

簡而言之，〈競建〉爲出土文獻與書本文獻可以互證的顯著例證之一。

2007 年 10 月初稿

2011 年 12 月修訂

＊原刊於《先秦文本及思想之形成、發展與轉化》，頁 1～24，

臺北：臺大出版中心，2013 年 12 月。

引用書目

一、傳統文獻

1. 伏生門人編，陳壽祺輯校：《尚書大傳輯校》（臺北：藝文印書館，1965 年 10 月，影印《皇清經解續編》本）。（《尚書》注釋，統列於此下。）

2. 題孔安國傳，孔穎達疏：《尚書注疏》（臺北：藝文印書館，1976 年 5 月，影印嘉慶二十年〔1815〕江西南昌府學刊本）。

3. 蘇軾著：《東坡書傳》（臺北：藝文印書館，1965 年，《百部叢書集成》影印《學津討原》本）。

4. 林之奇著：《尚書全解》（臺北：臺灣大通書局，1969 年 10 月，影印《通志堂經解》本）。

5. 蔡沈著：《書經集傳》（臺北：世界書局，1967 年 9 月）。

6. 金履祥著：《尚書表注》（臺北：臺灣大通書局，1969 年 10 月，影印《通志堂經解》本）。

7. 鄒季友著：《書經集傳音釋》（光緒十五年〔1889〕江南書局刊本）。

8. 孫星衍著：《尚書今古文注疏》（北京：中華書局，1986 年 12 月）。

9. 劉逢祿著：《尚書今古文集解》（臺北：藝文印書館，1965 年 10 月，影印《皇清經解續編》本）。

10. 朱駿聲著：《尚書古注便讀》（臺北：廣文書局，1977 年 1 月，影印民國 24 年〔1935〕華西協合大學刊本）。

11. 皮錫瑞著：《今文尚書考證》（北京：中華書局，1989 年 12 月）。

12. 簡朝亮著：《尚書集注述疏》（臺北：鼎文書局，1972 年 4 月）。

13. 吳汝綸著：《尚書故》（收入《吳汝綸全集》第二冊，合肥：黃山書社，2002 年 9 月）。

14. 楊筠如著：《尚書覈詁》（臺北：學海出版社，1978 年 2 月）。

15. 屈師翼鵬著：《尚書集釋》（臺北：聯經出版事業公司，1983 年 2 月）。

16. 唐玄宗注，邢昺疏：《孝經注疏》（臺北：藝文印書館，1976 年 5 月，影印嘉慶二十年〔1815〕江西南昌府學刊本）

17. 韋昭注：《國語》（臺北：九思出版有限公司，1978 年 11 月）。

18. 孫詒讓著：《墨子閒詁》（臺北：華正書局，1987 年 3 月）。

19. 趙岐注，孫奭疏：《孟子注疏》（臺北：藝文印書館，1976 年 5 月，影印嘉慶二十年〔1815〕江西南昌府學刊本）

20. 蘇輿：《春秋繁露義證》（臺北：河洛圖書出版社，1974 年 3 月，影印宣統庚戌〔1910〕刊本）。

21. 司馬遷著，裴駰集解，司馬貞索隱，張守節正義：《史記》（北京：中華書局，1972 年 5 月）。

22. 劉向編，向宗魯校證：《說苑校證》（北京：中華書局，1987 年 7 月）。

23. 揚雄著，張震澤校注：《揚雄集校注》（上海：上海古籍出版社，1993 年 10 月）。

24. 王充著，黃暉校釋：《論衡校釋》（臺北：臺灣商務印書館，1978 年 2 月）。

25. 班固著，顏師古集注：《漢書》（北京：中華書局，1975 年 4 月）。

26. 班固著，顏師古集注，王先謙補注：《漢書補注》（臺北：藝文印書館，1955 年，影印光緒庚子〔1900〕長沙王氏校刊本）。

27. 許慎著，段玉裁注：《說文解字注》（臺北：藝文印書館，1970 年 6 月，影印經韻樓原刻本）。

28. 王符著，汪繼培箋，彭鐸校正：《潛夫論箋校正》（北京：中華書局，1985 年 9 月）。

29. 范曄著，李賢等注：《後漢書》（北京：中華書局，1982 年 8 月）。

30. 王引之著：《經義述聞》（臺北：世界書局，1963 年 4 月）。

31. 朱駿聲著：《說文通訓定聲》（北京：中華書局，1984 年 6 月，影印臨嘯閣刻本）。

二、近人論著

1. 王國維：《觀堂集林》（收入《王國維遺書》第一至四冊，上海：上海古籍書店，1983 年 9 月）。

2. 何有祖：〈上博五楚竹書〈競建內之〉札記五則〉，武漢大學簡帛網站，2006 年 2 月 18 日。

3. 李天虹：〈上博五〈競〉、〈鮑〉篇校讀四則〉，武漢大學簡帛網站，2006年2月19日

4. 李泰芬：《今文尚書正偽》（臺北：力行書局，1970年6月，影印民國20年〔1931〕萊薰閣刻本）。

5. 林志鵬：〈楚竹書〈鮑叔牙與隰朋之諫〉補釋〉，武漢大學簡帛網站，2007年7月13日。

6. 季旭昇：〈上博五芻議（上）〉，武漢大學簡帛網站，2006年2月18日。

7. 周鳳五：〈上博五〈競建內之〉、〈鮑叔牙與隰朋之諫〉補釋〉，《臺大中文學報》第28期（2008年6月）。

8. 范常喜：〈《上博五·競建內之》簡2「彝」字試說〉，武漢大學簡帛網站，2006年2月20日。

9. 馬承源主編：《上海博物館藏戰國楚竹書（五）》（上海：上海古籍出版社，2005年12月）。

10. 許無咎：〈上博楚竹書（五）〈競建內之〉篇札記〉，武漢大學簡帛網站，2006年2月25日。

11. 張西堂：《尚書引論》（臺北：崧高書社，1985年9月）。

12. 陳偉：〈〈競建內之〉〈鮑叔牙與隰朋之諫〉零識〉，武漢大學簡帛網站，2006年2月22日。

13. 陳夢家：《尚書通論》（北京：中華書局，1985年10月）。

14. 陳劍：〈談談《上博（五）》的竹簡分篇、拼合與編聯問題〉，武漢大學簡帛網站，2006年2月19日。

15. 陳劍：〈也談〈競建內之〉簡7的所謂「害」字〉，武漢大學簡帛網站，2006年6月16日。

16. 魯家亮：〈讀上博楚竹書（五）札記〉，武漢大學簡帛網站，2006年2月18日。

17. 蔣善國：《尚書綜述》（上海：上海古籍出版社，1988年3月）。

18. 劉樂賢：〈讀上博五〈競建內之〉札記〉，武漢大學簡帛網站，2006年2月20日。

19. 顧頡剛：〈論今文尚書著作時代書〉，《古史辨》第一冊下編（臺北：明倫出版社，1970年3月，影印樸社初版本）。